AF223516

NAPOLÉON

ET LA

DÉFENSE DES CÔTES

PAR

F.-J. DELAUNEY

CHEF D'ESCADRON DE L'ARTILLERIE DE LA MARINE

(Extrait du *Mémorial de l'Artillerie de la Marine*)

LIBRAIRIE MILITAIRE BERGER-LEVRAULT ET Cie

PARIS | NANCY
5, RUE DES BEAUX-ARTS | 18, RUE DES GLACIS

1890

BERGER-LEVRAULT ET Cie, LIBRAIRES-ÉDITEURS

5, rue des Beaux-Arts, Paris. — Même maison à Nancy.

Bibliothèque du Marin.

Sous ce titre, on a entrepris la publication d'un certain nombre de volumes, dans lesquels seront traitées toutes les questions offrant un intérêt spécial pour les personnes qui exercent les professions maritimes et plus particulièrement pour les officiers de marine, les ingénieurs, les constructeurs, les mécaniciens, etc., etc.

Les matières qui font l'objet de l'enseignement de l'École navale et de l'École d'application, sauf, bien entendu, les sciences générales, comme l'analyse et la mécanique, la physique et la chimie, auront leur place marquée dans la *Bibliothèque du Marin*.

Les volumes seront illustrés chaque fois que des figures ou gravures devront aider à l'intelligence du texte.

La nomenclature suivante donnera une idée du plan de la collection ; toutefois, cette liste n'est pas définitive et d'autres titres pourront trouver place dans la *Bibliothèque :*

Volumes parus dans cette collection :

Théorie du Navire, par E. Geyou, capitaine de frégate, suivie d'un Traité des évolutions et allures, par le contre-amiral Moyrz. (*Ouvrage couronné par l'Académie des Sciences.*) Un vol. in-8° de 418 p. . . . . **6 fr.**

Précis du Droit maritime international et de diplomatie, d'après les documents les plus récents, par A. Le Moine, capitaine de frégate, licencié en droit. Un vol. in-8° de 360 pages. . . . . **6 fr.**

Histoire des Flottes militaires, par Ch. Cayvard-Aarsaclt, capitaine de frégate de réserve. (*Ouvrage adopté pour l'École navale.*) Un vol. in-8° de 512 p. avec 10 plans de batailles. . . . . **6 fr.**

Électricité expérimentale et pratique. Cours professé à l'École des officiers torpilleurs, par H. Leblond, agrégé des sciences physiques, ancien élève de l'École normale supérieure.

   Tome I. — Étude générale des phénomènes électriques et des lois qui les régissent. Un volume in-8° de 293 pages avec 84 figures et 3 planches. . . . . **6 fr.**

   Tome II. — Mesures électriques. Un vol. in-8° de 273 p., avec 95 fig. **6 fr.**

   Tome III, 1er fascicule. — Description et emploi du matériel électrique à bord des navires. Un volume in-8° de 300 p., avec 119 fig. **6 fr.**

   Le 2e fascicule du tome III, qui termine l'ouvrage, paraîtra en janvier 1891.

Torpilles et Torpilleurs des nations étrangères, suivis d'un *atlas des flottes étrangères*, par H. Brenvan, lieutenant de vaisseau. Un volume in-8° de 254 pages et 111 planches. . . . . **6 fr.**

Éléments de Météorologie nautique, par J. de Seasy, lieutenant de vaisseau, membre de la Société météorologique de France. Un volume in-8° de 500 pages avec 57 figures . . . . **6 fr.**

Marines étrangères. *Situation. Budget. Organisation. Matériel. Personnel. Troupes. Défenses sous-marines. Armement. Défenses du littoral. Marine marchande,* par H. Brenard. Ouvrage contenant 30 planches d'uniformes étrangers . . . . **10 fr.**

Service administratif à bord des navires de l'État. *Manuel du commandant-comptable et de l'officier d'administration,* par G. Neveu et A. Jovax, commissaires de la marine. Un volume grand in-8° de 600 pages. . **10 fr.**

Volumes en préparation :

*Astronomie et naviga . . *	*Artillerie navale.*
Hydrographie.	*Connaissances militaires nécessaires*
Constructions navales.	*aux officiers de marine.*
Machines marines.	*Tactique navale.*

Les ouvrages marqués d'un astérisque sont en cours d'impression.

NAPOLÉON

ET LA DÉFENSE DES CÔTES.

Bibliothèque du Marin.

Sous ce titre, on a entrepris la publication d'un certain nombre de volumes, dans lesquels seront traitées toutes les questions offrant un intérêt spécial pour les personnes qui exercent les professions maritimes et plus particulièrement pour les officiers de marine, les ingénieurs, les constructeurs, les mécaniciens, etc., etc.

Les matières qui font l'objet de l'enseignement de l'École navale et de l'École d'application, sauf, bien entendu, les sciences générales, comme l'analyse et la mécanique, la physique et la chimie, auront leur place marquée dans la *Bibliothèque du Marin*.

Les volumes seront illustrés chaque fois que des figures ou gravures devront aider à l'intelligence du texte.

La nomenclature suivante donnera une idée du plan de la collection ; toutefois, cette liste n'est pas définitive et d'autres titres pourront trouver place dans la *Bibliothèque* :

Volumes parus dans cette collection :

Théorie du Navire, par E. Guyou, capitaine de frégate, suivie d'un Traité des évolutions et allures, par le contre-amiral Mottez. (*Ouvrage couronné par l'Académie des Sciences.*) Un vol. in-8° de 418 p. . . . . . . 6 fr.

Précis du Droit maritime international et de diplomatie, d'après les documents les plus récents, par A. Le Moine, capitaine de frégate, licencié en droit. Un vol. in-8° de 360 pages. . . . . 6 fr.

Histoire des Flottes militaires, par Ch. Chabaud-Arnault, capitaine de frégate de réserve. (*Ouvrage adopté pour l'École navale.*) Un vol. in-8° de 512 p. avec 10 plans de batailles. . . . . . . 6 fr.

Électricité expérimentale et pratique. Cours professé à l'École des officiers torpilleurs, par H. Leblond, agrégé des sciences physiques, ancien élève de l'École normale supérieure.

Tome I. — Étude générale des phénomènes électriques et des lois qui les régissent. Un volume in-8° de 293 pages avec 84 figures et 3 planches. . . . . . . 6 fr.

Tome II. — Mesures électriques. Un vol. in-8° de 273 p., avec 95 fig. 6 fr.

Tome III, 1ᵉʳ fascicule. — Description et emploi du matériel électrique à bord des navires. Un volume in-8° de 300 p., avec 110 fig. 6 fr.

Le 2° fascicule du tome III, qui termine l'ouvrage, paraîtra en janvier 1891.

Torpilles et Torpilleurs des nations étrangères, suivis d'un *atlas des flottes étrangères*, par H. Buchard, lieutenant de vaisseau. Un volume in-8° de 254 pages et 114 planches. . . . . . . 6 fr.

Éléments de Météorologie nautique, par J. de Suony, lieutenant de vaisseau, membre de la Société météorologique de France. Un volume in-8° de 500 pages avec 57 figures. . . . . . . 6 fr.

Marines étrangères. *Situation. Budget. Organisation. Matériel. Personnel. Troupes. Défenses sous-marines. Armement. Défenses du littoral. Marine marchande*, par H. Buchard. Ouvrage contenant 30 planches d'uniformes étrangers. . . . . . . 10 fr.

Service administratif à bord des navires de l'État. *Manuel du commandant-comptable et de l'officier d'administration*, par C. Naveu et A. Jouan, commissaires de la marine. Un volume grand in-8° de 600 pages. . . 10 fr.

Volumes en préparation :

*Astronomie et navigation.
Hydrographie.
Constructions navales.
Machines marines.

*Artillerie navale.
Connaissances militaires nécessaires aux officiers de marine.
Tactique navale.

*Les ouvrages marqués d'un astérisque sont en cours d'impression.

NAPOLÉON

ET LA DÉFENSE DES CÔTES.

NAPOLÉON

ET LA DÉFENSE DES CÔTES,

PAR

LE CHEF D'ESCADRON DELAUNEY,

DE L'ARTILLERIE DE LA MARINE.

(Extrait du *Mémorial de l'artillerie de la marine*.)

PARIS.

IMPRIMERIE NATIONALE.

M DCCC XC.

NAPOLÉON
ET LA DÉFENSE DES CÔTES.

Napoléon a eu, à diverses reprises, à s'occuper des batteries de côte et de tout ce qui concernait leur service et leur emploi.

Il a paru intéressant de réunir les idées émises sur cet objet par le plus grand homme de guerre des temps modernes.

Le lecteur distinguera facilement de ce qui ne présente plus aujourd'hui qu'un intérêt historique, ce qui, au contraire, a conservé et conservera toute sa valeur, quels que soient les progrès de l'artillerie, des constructions navales et des fortifications.

Outre les bases essentielles de l'organisation défensive des côtes, on trouvera dans cette étude des indications précieuses sur le tir des batteries de côte, sur le personnel chargé du service des pièces, sur l'emploi des diverses bouches à feu; on y verra aussi la façon énergique et quelquefois brutale avec laquelle l'Empereur jugeait ces sottises qui sont de tous les temps, telles que le manque de sang-froid, l'emploi de machines infernales, la construction de fortifications ridicules; on remarquera enfin l'effort considérable qui a été fait par l'Empereur pour la défense des côtes, la simplicité, la sûreté et la rapidité de ses moyens d'information, la compétence et la précision de ses décisions, l'énergie avec laquelle il en poursuivrait l'exécution.

Il serait certainement très intéressant de rechercher dans quelle mesure il a été tiré profit de ces leçons remarquables, mais cette étude, pour plusieurs raisons qu'il paraît inutile de donner, ne saurait entrer dans le cadre du Mémorial.

I

DU SIÈGE DE TOULON À LA CAMPAGNE D'ÉGYPTE
(1793-1798).

Le siège de Toulon. — Bonaparte inspecteur des côtes de la Méditerranée.
— Bonaparte commandant de l'artillerie à l'armée d'Italie. — Bonaparte
à l'armée de l'intérieur. — Campagne d'Italie de 1796. — Bonaparte à
l'armée d'Angleterre.

Le siège de Toulon.

C'est à Toulon, comme on sait, que commença la fortune
militaire de Napoléon Bonaparte, alors simple chef de bataillon d'artillerie; c'est à ce siège qu'il eut à combattre pour
la première fois les Anglais et qu'il contraignit leurs vaisseaux à fuir devant les canons des batteries de côte.

Les troupes de la Convention s'épuisaient en vains efforts
contre cette ville, défendue par une nombreuse armée étrangère et appuyée sur une puissante flotte anglaise. Bonaparte
vit immédiatement que, pour réduire la place, il fallait,
avant toute chose, en éloigner les vaisseaux et que, pour
parvenir à ce dernier résultat, il suffisait de menacer leur
ligne de retraite. Il proposa, en conséquence, d'occuper la
presqu'île qui termine la pointe de l'Éguillette et d'y établir
des batteries, de façon à couper toute communication entre
la petite rade et la haute mer.

Ce plan si simple ne fut pas compris par le général Cartaux, commandant de l'armée-assiégeante, mais les alliés le
devinèrent et vinrent s'établir en force dans la presqu'île où
ils élevèrent le fort Murgrave, surnommé le Petit-Gibraltar.

Le général Doppet, médecin de son état et parvenu par
les clubs aux plus hautes fonctions militaires, succéda à
Cartaux et fut tout aussi nul que son prédécesseur.

Heureusement qu'un vrai soldat, le général Dugommier,
prit à son tour le commandement: il décida, d'après l'avis

de Bonaparte, qu'on s'emparerait de vive force du fort Murgrave. Après une forte canonnade, l'attaque eut lieu pendant
la nuit du 17 décembre et fut couronnée de succès après une
lutte longue et acharnée. Du coup, tout le promontoire de
l'Éguillette fut aux mains des troupes conventionnelles.

Sans perdre de temps, Bonaparte établit à la pointe de la
presqu'île des batteries de canons de 12 et d'obusiers qui
commencèrent un feu très vif sur la flotte anglaise. A midi,
les troupes alliées se rembarquaient et les vaisseaux s'éloi-
gnaient au plus vite. Le lendemain Dugommier entrait dans
Toulon.

Au sujet de ces événements, Bonaparte écrivait à Dupin
quelques jours après :

« Si le vent les eût obligés à tarder quatre heures, ils étaient
perdus. Une frégate, qui était plus mauvaise voilière, ayant
un peu tardé à sortir, s'est trouvée à portée du canon au
moment où nos batteries de l'Éguillette ont été finies; nous
l'avons chauffée à boulets rouges et, à la grande satisfaction
de tous les républicains et à la vue de toute l'escadre, nous
l'avons brûlée [1]. »

C'est sans doute à cette circonstance qu'il faut attribuer
l'enthousiasme manifesté par Napoléon pour le tir à boulets
rouges; dans ses instructions, comme nous le verrons plus
tard, il reviendra toujours à ce tir qu'il ne cessera de préco-
niser. Plein encore des souvenirs du siège de Toulon, il écrira
du Caire au général Marmont, chargé de la défense entre
Rosette et Aboukir :

« Vous vous souvenez de nos batteries de Toulon et combien les Anglais sont peu dangereux sur terre. L'artillerie à
boulets rouges, servie de sang-froid, est terrible contre les
vaisseaux [2]. »

[1] *Correspondance de Napoléon*, n° 19.
[2] *Ibid.*, n° 3147.

Le tir à boulets rouges était, du reste, à cette époque, d'une application relativement pratique par l'adoption du four à réverbère en place de l'ancien gril, comme le montre la lettre ci-après, écrite de Nice, le 3 juillet 1793, par Bonaparte, alors capitaine au 4ᵉ régiment d'artillerie :

« Citoyen Ministre, nous n'avions pas encore l'usage dans l'artillerie d'établir des fours à réverbère près des batteries de côte ; nous nous contentions d'une simple grille avec un soufflet de forge. Mais l'avantage des fours à réverbère étant généralement connu, le général Duteil me charge de vous en demander un modèle avec les profils, afin que nous soyons dans le cas d'en faire construire sur notre côte et de brûler les navires des despotes [1]. »

Bonaparte inspecteur des côtes de la Méditerranée.

Immédiatement après la prise de Toulon, Bonaparte fut chargé par Dugommier et les Représentants attachés à l'armée de mettre en état de défense les côtes de la Méditerranée, de Marseille à Menton.

Il commença par Marseille et releva les fortifications de Saint-Nicolas et de Saint-Jean.

Il eut fort à faire pour accomplir sa mission ; il écrivait, en effet, au Ministre de la guerre :

« Toutes les batteries circonvoisines qui défendent la rade de Marseille sont dans un état ridicule. L'ignorance la plus absolue de tous les principes a présidé à leur tracé. Elles ne sont pas dans le cas de soutenir une bordée ; elles seraient enfilées, et les canonniers sont découverts à certaines pièces jusqu'au talon. Ce n'est pas cependant faute qu'il n'y ait des épaulements, mais c'est qu'ils ne sont pas comme ils doivent être [2]. »

[1] *Correspondance de Napoléon*, n° 12.
[2] *Ibid.*, n° 13.

Rien d'étonnant à ce qu'il en fût ainsi, ces batteries avaient été faites par les architectes du département [1].

Bonaparte, dans sa mission, s'attacha surtout à fortifier la rade des îles d'Hyères; il fit élever des batteries aux caps Lardier et Taillat, ainsi que dans les îles de Porquerolles et de Port-Cros; il fit mettre des pièces de 36 à Brégançon, Gapeau et Giens; de telle sorte que cette rade put bientôt offrir un refuge assuré à une escadre contre une flotte ennemie supérieure. Il pensait établir, par ce moyen, une communication libre entre Marseille et Nice et pouvoir faire voyager, sans qu'ils aient rien à redouter, les convois à la vue des croiseurs ennemis.

Les fours à réverbère ne furent point oubliés et on en construisit dans toutes les batteries importantes.

La question du personnel fixa aussi l'attention de Bonaparte.

Les compagnies de canonniers *gardes-côtes* et *postiches* de la monarchie avaient été supprimées par la loi du 9 septembre 1792 et, aucune troupe n'ayant été instituée pour les remplacer dans leur service, on avait mis des canonniers marins dans les batteries de côte. Bonaparte écrivait, à ce sujet, au Ministre de la guerre :

« Je crois que le bien de la marine ordonnera d'employer tous les marins sur les vaisseaux. Je pense alors qu'il faudra établir un chef canonnier par pièce et huit servants tirés de la réquisition de la garde nationale, sans qu'il y ait d'autres officiers que le chef des pièces et le commandant des batteries. Cette méthode très simple ne sera pas onéreuse à la République, et le service en sera mieux fait.

« Je suis fort peu content de ces compagnies de canonniers de la côte; ils ne s'exercent pas et sont aussi ignorants que le premier jour.

[1] *Correspondance de Napoléon*, n° 19.

« Le matelot n'est bon qu'à la mer, et je crois que, sous tous les rapports, on doit l'y restituer [1]. »

Bonaparte s'occupa aussi de l'administration, qui laissait fort à désirer.

« Il est urgent, écrivait-il au Comité de salut public, de mettre de l'ordre dans les dépenses de la guerre relatives à l'artillerie et au génie; on emploie des sommes immenses pour faire du très mauvais ouvrage.

« Il faut aussi que les généraux d'infanterie n'ordonnent aucune réparation, parce qu'ils sont toujours trompés, et, n'entendant rien à nos travaux, ils prêtent l'oreille à des faiseurs d'affaires.

« Puisqu'il y a des fonds pour le génie et l'artillerie, pourquoi les commissaires ordonnateurs ordonnancent-ils des dépenses de cette nature sur l'extraordinaire? Par ce moyen la République paye des ouvrages que les agents de l'artillerie et du génie ont refusé de faire solder.

« Pis que cela encore, on fait faire à la République des travaux inutiles, nuisibles et qu'il faut défaire.

« Je viens de la tour de Bouc, près Martigues; il y avait quatre pièces de 16 en bronze montées sur très bons affûts de place; on les a convertis en affûts marins, prétendant que les affûts de place ne valent rien.

« Sur cette côte l'on a dépensé beaucoup d'argent à faire de la mauvaise besogne [2]. »

Matériel, personnel, administration, rien n'échappait à son infatigable activité et, après deux mois à peine de mission, il pouvait écrire au représentant Maignet :

« Après que les changements que j'ordonne seront exécutés,

<hr>

[1] *Correspondance de Napoléon*, nᵒ 14.
[2] *Ibid.*, nᵒ 17.

tu peux être sûr que la côte sera sur un pied plus respectable que jamais [1]. »

Bonaparte commandant de l'artillerie à l'armée d'Italie.

Au mois de mars 1794, Bonaparte t appelé à commander
l'artillerie de l'armée d'Italie, tout en conservant ses fonctions
d'inspecteur des côtes de la Méditerranée.

Par de savantes dispositions, il supprima toute communication entre l'armée autrichienne et les vaisseaux anglais.
Ces derniers se virent successivement interdire les rades d'On-
cille et de Vado par les nombreuses batteries établies nouvel-
lement sur la côte, et la liberté de communication, qui ré-
gnait de Marseille à Nice, fut ainsi prolongée jusqu'à Gênes.

En juin de la même année, l'escadre française, poursuivie
par les Anglais plus forts du double, put venir mouiller en
toute sécurité dans le golfe de Jouan. La flotte anglaise se
contenta de croiser à grande distance, n'osant approcher des
batteries.

L'entrée du golfe était, en effet, défendue par deux ouvrages croisant leurs feux et ayant chacun pour armement
quatre canons de 24 et deux mortiers à la Gomer; et ils
étaient munis d'une forge à boulets rouges. L'intérieur de la
rade était battu par les forts Pelletier et Sainte-Marguerite
et par les batteries de la Gabelle et du Crouton.

En envoyant ces renseignements au Comité de salut public, Bonaparte ajoutait qu'il allait mettre encore en batterie
huit nouvelles pièces du calibre de 36 et demandait qu'on
lui envoyât quatre mortiers à la Gomer de 12 pouces. Il ré-
clamait aussi des affûts de côte, disant qu'il lui en fallait plus
de cent. Il annonçait que depuis trois mois il en faisait faire
à Marseille et qu'il avait construit un grand nombre de fours
à réverbère.

[1] *Correspondance de Napoléon,* n° 20.

Il revenait sur la question du personnel appelé à servir dans la défense des côtes et sollicitait un arrêté instituant un corps de canonniers spéciaux [1].

Il se plaignait enfin des manières de faire du général (amiral) Thévenard, commandant de la marine à Toulon, qui cherchait à tort à accroître la défense de ce port, déjà inexpugnable.

« L'on dérange, disait-il, au Port-la-Montagne, une partie des dispositions que j'ai prises et au détriment du service.

« 1° L'on entasse trop de pièces et de mortiers, ce qui est au détriment des autres parties de la côte;

« 2° J'avais adopté, pour chaque batterie un peu considérable du Port-la-Montagne, d'y placer, sur 10 pièces de 36, une pièce de 18, parce que le tir à boulets rouges est beaucoup plus exact et plus facile avec des petites pièces; parce que, pour tirer sur les petits bateaux, il vaut mieux se servir de petites pièces. Il y a un inconvénient à éviter dans les grandes batteries, c'est de trop multiplier les calibres; mais il ne faut pas cependant, par trop d'uniformité, se priver des avantages que les calibres inférieurs peuvent produire; l'effet de l'artillerie est d'ailleurs le métier de l'artilleur.

« Je désire que tu écrives un mot à l'amiral Thévenard pour le rappeler à l'organisation des armées. Il ne doit ordonner aucun changement dans l'artillerie de la côte sans mon ordre, puisque je commande l'artillerie de l'armée d'Italie, indépendamment d'un arrêté qui m'ordonne de mettre en défense les côtes, depuis les Bouches-du-Rhône jusqu'à Menton.

« Si l'on ne se tient pas dans les limites de ses fonctions, tout n'est plus que confusion [2]. »

---

[1] La loi du 18 floréal an III créa 14,000 *canonniers volontaires*, destinés à la défense des côtes.

[2] *Correspondance de Napoléon*, n° 29.

Bonaparte à l'armée de l'intérieur.

Après le 13 vendémiaire, Bonaparte, nommé général en chef de l'armée de l'intérieur, eut à réorganiser la garde nationale de Paris. Voulant débarrasser la capitale d'éléments oisifs et bruyants, il organisa trois compagnies de canonniers choisis parmi les gardes nationaux et les expédia sur les côtes de la Seine-Inférieure que menaçaient les Anglais.

Campagne d'Italie de 1796.

Pendant la campagne d'Italie de 1796, au mois d'octobre, Bonaparte réunit à Livourne les réfugiés corses et en fit un corps de troupe qui, sous le commandement de Gentili, put débarquer en Corse en passant au travers de la croisière anglaise. Une insurrection générale éclata dans l'île et les Anglais ne tardèrent pas à en être chassés.

Bonaparte avait adjoint à Gentili un officier d'artillerie et un du génie dont la mission était de mettre l'île en état de défense. Il prescrivit à ces deux officiers de ne faire aucune dépense pour les places de Bastia, Corte, Calvi, Ajaccio et Bonifacio, qu'il jugeait *aussi faibles qu'inutiles*, et de se borner à fortifier le golfe de Saint-Florent où devrait se concentrer toute la défense. Dans son esprit, on devait faire de cette ville une place importante en y élevant une fortification permanente à l'aide des sommes qu'on aurait employées à restaurer les autres villes fortifiées; pour ces dernières, de simples batteries de côte devaient suffire [1].

Le 9 avril 1797, c'est-à-dire le lendemain de l'armistice de Léoben, Bonaparte expédiait du quartier général de Judenburg l'adjudant général Leclerc au Directoire, pour lui annoncer la nouvelle de la suspension d'armes qu'il avait

[1] *Correspondance de Napoléon*, n° 1096.

conclue. Leclerc emportait, en outre, des propositions pour la mise en état de défense de la Corse.

«Il y a, disait Bonaparte, cinq places fortifiées. Celles de Bastia et d'Ajaccio ne sont susceptibles d'aucune espèce de défense; on ne doit les considérer que comme pouvant être défendues par leurs habitants ou par la garnison, s'il s'en trouvait une, contre l'insurrection des montagnards.

«La place de Bonifacio est dans le cas de se défendre; mais sa défense, comme son occupation, n'aurait presque aucun but, étant pour ainsi dire étrangère à l'île et n'ayant point de port.

«La place de Corte est également sans utilité comme sans moyens de défense réelle.

«La place de Calvi est donc la seule qui, dans ce moment-ci, soit susceptible de nous offrir un point d'appui pour la défense de l'île; je viens en conséquence d'ordonner de la réparer et de l'approvisionner pour trois mois.

«J'ai ordonné à Ajaccio la démolition d'un vieux bastion; la vente du terrain qu'il occupait sera une petite ressource, et la ville et le faubourg gagneront beaucoup en salubrité.

«L'île de Corse a deux ports qui peuvent donner refuge à une escadre; ce sont ceux de Saint-Florent et d'Ajaccio.

«Celui de Saint-Florent est défendu par différentes batteries dont je viens d'ordonner l'augmentation. Je vous ai déjà fait connaître mon opinion sur la défense de la Corse : elle consiste à concentrer toute la défense de l'île dans le point de Saint-Florent, et à y construire en conséquence une place raisonnable.

«On a objecté que l'air de Saint-Florent était très mauvais; mais son insalubrité ne tient qu'à l'existence d'un marais que l'on devrait nécessairement dessécher pour l'établissement des fortifications. On se servirait de ses eaux pour la défense de la place, ce qui ferait que le desséchement de ce marais, qui, calculé isolément, est porté à 80,000 livres, ne coûterait pas le tiers de cette somme, le reste devant rentrer dans la dépense qu'exige l'établissement de la place.

« Le golfe d'Ajaccio peut également contenir une escadre; il est défendu par une petite citadelle fort bonne du côté de la mer, mais dominée de trop près du côté de la terre. Je vais ordonner que l'on construise deux batteries pour la défense du golfe, afin que nos vaisseaux puissent trouver protection contre une force supérieure.

« Je vous propose donc de prendre un arrêté qui ordonne : 1° l'établissement d'une place importante à Saint-Florent; 2° la défense de rien dépenser aux places de Bastia, Ajaccio, Corte et Bonifacio; 3° d'entretenir comme elle se trouve la place de Calvi, la citadelle d'Ajaccio et un seul des forts de Bastia; 4° de démolir à Ajaccio, Corte, Bonifacio et Bastia, tout ce qui est inutile, en vendre les matériaux pour en affecter le produit à la construction de la place de Saint-Florent. En attendant que cette place soit construite, renfermer dans Calvi la plus grande partie de l'artillerie et des munitions de guerre de toutes les autres places; car rien n'est plus nuisible que d'avoir de l'artillerie sur des points qui ne sont pas susceptibles de défense; l'ennemi débarque, fait comme il a déjà fait, il s'empare de tous les moyens de défense, qui deviennent, dans ses mains, des moyens d'attaque contre le point le plus important. On pourra, pour l'exécution de votre arrêté, faire passer un millier de prisonniers de guerre pour commencer le déblayement préliminaire des travaux de Saint-Florent [1]. »

Bonaparte à l'armée d'Angleterre.

Après la campagne d'Italie, Bonaparte revint à Paris et reçut le commandement de l'armée d'Angleterre qui était cantonnée en Belgique, en Picardie et en Normandie. Il par-

____

[1] *Correspondance de Napoléon*, n° 1711.

courut incognito tous les points de la côte et en fit une étude
complète. Il vit, en particulier, le grand rôle que pouvait
jouer Anvers, conçut dès cette époque le projet du canal de
Saint-Quentin et se préoccupa des moyens à employer pour
opérer une descente en Angleterre.

Après des études entreprises avec le concours des généraux Caffarelli et Dufalga et de l'ingénieur Forfait, il prescrivit des travaux à Boulogne, Étaples, Ambleteuse et Calais,
afin de remiser une flottille de débarquement, susceptible de
prendre la mer dans le temps d'une seule marée et d'aller
débarquer un corps expéditionnaire en Angleterre. Il expédia
en même temps des corsaires avec des officiers du génie pour
reconnaître les côtes ennemies de Folkestone à Rye et dé-
terminer les positions des batteries qui les défendaient. Il
prescrivit enfin la construction de batteries à Boulogne et à
Ambleteuse pour la protection de la flottille.

II

CAMPAGNE D'ÉGYPTE
(1798-1799).

Prise de Malte. — Travaux d'Alexandrie. — Bataille navale d'Aboukir. —
Armement des côtes d'Égypte. — Instructions de Bonaparte pour le tir
de côte. — Tentatives des Anglais. — Nouveaux travaux pour l'armement des côtes. — Débarquement des Turcs à Aboukir.

Prise de Malte.

Après la prise de Malte, et avant de quitter cette île pour
se rendre en Égypte, Bonaparte prescrivit au général Vaubois
d'organiser quatre compagnies de canonniers de côte; ces
unités devaient être formées à l'aide d'indigènes et com-
prendre chacune un officier français et un sous-officier de
même nationalité.

Travaux d'Alexandrie.

A peine débarqué à Alexandrie, Bonaparte prit immédiatement des dispositions pour protéger la flotte française qu'il supposait devoir mouiller dans ce port.

« Il sera établi, disait-il dans son ordre du 4 juillet 1798, deux batteries pour défendre l'entrée dans le Port Vieux, une batterie de deux grosses pièces de canon au Marabout, deux bonnes batteries au fort du Phare, une bonne batterie au Pharillon [1]. »

Il prescrivait en même temps la restauration du Grand Fort et du fort du Phare, ainsi que la construction d'un ouvrage de fortification permanente à l'île du Phare. De plus, l'enceinte que les Arabes avaient construite autrefois du côté de la terre devait être réparée et appuyée par des forts.

Tous ces travaux furent exécutés avec habileté et promptitude par le colonel Cretin, *l'officier du génie le plus habile de France*, au dire de Bonaparte [2].

Grâce au matériel des vaisseaux détruits à Aboukir, matériel précieusement recueilli, l'armement d'Alexandrie devint formidable. Quoiqu'un bon nombre de canons en eussent été distraits par la formation d'un équipage de siège destiné à Acre et par la mise au complet de l'armement des navires qui ramenèrent Bonaparte en Europe, les Français y laissèrent plus de 400 bouches à feu [3]. Aussi, pendant la durée de l'occupation française, les Anglais échouèrent-ils dans toutes leurs tentatives de bombardement contre ce point.

En même temps que Bonaparte ordonnait de fortifier Alexandrie, il prescrivait d'armer le fort d'Aboukir afin d'assurer les communications entre Alexandrie et le Nil par Rosette.

[1] *Correspondance de Napoléon,* n° 2748.
[2] *Mémoires de Napoléon,* t. V.
[3] *Ibid.,* t. V.

Bataille navale d'Aboukir.

L'amiral Brueys eut le tort grave, décidé qu'il était de combattre au mouillage dans la rade d'Aboukir, de rester près d'un mois inactif dans cette situation, au lieu d'armer d'une forte batterie l'île à laquelle il appuyait la gauche de sa ligne d'embossage.

Dans ses mémoires [1], Napoléon fait ressortir cette faute avec sa clarté habituelle :

« L'amiral Brueys ne craignait pas d'être attaqué par sa gauche, qui était appuyée à l'île; il craignait davantage pour sa droite. Mais, si l'ennemi se portait sur elle, il perdait le vent. Dans ce cas, il paraît que l'intention de Brueys était d'appareiller avec son centre et sa gauche. Il considéra cette gauche comme tellement à l'abri de toute attaque, qu'il ne jugea pas nécessaire de la faire protéger par le feu de l'île.

« La faible batterie qu'il y fit établir n'avait d'autre but que d'empêcher l'ennemi d'y débarquer. Si l'amiral avait mieux connu sa situation, il eût établi, dans cette île, une vingtaine de pièces de 36 et huit ou dix mortiers; il eût fait mouiller sa gauche auprès d'elle; il eût rappelé d'Alexandrie les deux vaisseaux de 64, qui auraient fait deux excellentes batteries flottantes, et qui, tirant moins d'eau que les autres vaisseaux, auraient encore pu s'approcher davantage de l'île. »

Et plus loin, parlant du rôle de cette île, Napoléon estimait qu'avec une tour et une trentaine de bouches à feu, elle était susceptible d'assurer un mouillage aux vaisseaux, à peu près dans les conditions de l'île d'Aix.

Du reste, il avait été tellement persuadé de la nécessité de protéger l'escadre par des batteries de côte que, dès le 6 juillet, il avait rendu l'ordre suivant :

[1] Tome V.

« Le général du génie enverra un officier supérieur de
distinction à Aboukir, qui, de concert avec un officier supérieur d'artillerie, verra s'il est possible de construire des
batteries pour protéger l'escadre qui viendrait y mouiller [1]. »

Armement des côtes d'Égypte.

Après la défaite navale d'Aboukir, Bonaparte s'occupa de
mettre rapidement en état de défense toute la côte nord de
l'Égypte. Les travaux à Alexandrie furent poursuivis avec
ardeur, et de nombreux forts et batteries furent établis à
Aboukir, Rosette et Damiette; les lacs Bourlos et Menzaleh
reçurent aussi un certain nombre de batteries afin d'être à
l'abri de toute incursion. Le général Marmont eut la haute
main sur tous ces travaux, qui furent achevés vers la fin de
l'année 1798.

Comme un débarquement des Anglais à Aboukir était
surtout à craindre, les garnisons de Rosette et d'Alexandrie
devaient être prêtes à se porter avec de l'artillerie à mulets
sur le point menacé avec la plus grande rapidité possible.

Suez fut aussi mis sur un pied sérieux de défense à la suite
du voyage de Bonaparte à la mer Rouge.

Instructions de Bonaparte pour le tir de côte.

En même temps, Bonaparte donnait les plus minutieuses
instructions sur l'organisation des batteries et le tir des canons; l'ordre du 28 août 1798 renfermait les articles sui-
vants :

« Art. 2. Il y aura autant de grils à boulets rouges par
batterie qu'il y aura de fois trois pièces.

« Art. 3. Les grils à boulets rouges seront placés sur le

----

prolongement de l'épaulement, à droite ou à gauche, le plus près possible du revêtement intérieur. L'épaulement, dans cet endroit, aura 9 pieds de haut et 22 d'épaisseur. Les batteries seront séparées des grils par une légère cloison en terre ou en briques.

« ART. 4. Il y aura toujours entre les batteries de mortiers et celles de canons au moins 6 toises d'intervalle.

« ART. 5. Les magasins à poudre seront éloignés des batteries de 50 toises. Ils ne seront point dans la direction des feux, mais bien diagonalement en arrière, à droite ou à gauche. Il y aura un boyau de communication avec la batterie. Les magasins seront enfoncés en terre le plus possible et couverts par trois épaulements très hauts et très épais. Il y aura les gargousses, et une certaine quantité de poudre qui ne pourra pas passer 25 coups par pièce. Le reste des barils de poudre sera placé à 35 toises les uns des autres, isolés dans la campagne et hors toujours de la direction et du prolongement des feux. Il y aura dans le prolongement, à droite ou à gauche, à 18 pieds de la dernière pièce, contre l'épaulement, un petit magasin à poudre où il y aura 10 coups à tirer par pièce, en gargousses. Le petit magasin sera séparé des pièces par une cloison en terre sèche ou en briques.

« ART. 6. Les boulets seront contre l'épaulement, près des pièces. L'on ne peut tirer à boulets rouges qu'avec des gargousses de parchemin et qui soient bien entières; s'il y a le moindre trou, il arrive des accidents. Le mandrin, pour faire des gargousses de parchemin, doit offrir deux lignes de vent de plus. Il est essentiel qu'elle entre facilement. Si l'on n'a point de gargousses en parchemin, on chargera les canons avec trois gargousses contenant chacune 2 livres et demie de poudre. Le papier ne résiste pas à un poids de 8 livres. L'on aura soin que le mandrin donne quatre lignes de vent.

« ART. 7. L'on rafraîchira les pièces avec de l'eau tous les coups, et avec du vinaigre tous les cinq coups. On tirera doucement, et jamais toutes les pièces à la fois. L'on pointera sans se presser. Il n'y a rien à craindre, même avec un seul bouchon, mais l'on en mettra, par précaution, deux : un sec sur la poudre, l'autre mouillé. L'on ne tirera point de coups que le boulet ne soit rouge. Tous les trois coups, on tirera un coup à boulet froid. On doit observer le plus grand silence.

« Art. 8. Vingt-quatre heures après la réception du présent ordre, le général Kléber fera faire l'exercice en blanc du boulet rouge, et, le lendemain, il fera exercer les canonniers.

« En employant toutes ces précautions, j'ai, à Toulon, avec six pièces de canon, brûlé trois bâtiments, et obligé, après avoir résisté à plus de 20,000 coups de canon, l'escadre anglaise à évacuer la grande rade.

« Art. 9. Le tir des mortiers devient incertain et inutile si l'on tire avec de grandes charges et si les plates-formes ne sont pas solides. Il est défendu de mettre dans la chambre plus des trois quarts de ce qu'elle peut contenir; dans les mortiers à la Gomer, jamais plus de dix livres. L'on doit avoir à portée de la batterie, contre l'épaulement, une chèvre, deux roues de rechange, un affût de rechange, des sacs à terre remplis de terre, des pioches, des pelles, des piquets, des lambourdes, un crapaud pour deux mortiers [1]. »

Le 4 septembre, Bonaparte, écrivant à Kléber, revenait sur ses précédentes instructions et les complétait encore.

Il fixait ainsi qu'il suit les conditions de la défense :

« Ordonnez et tenez la main à ce que vos canonniers ne tirent pas lorsque les bâtiments sont encore hors de portée, cela prouve que l'on a peur; qu'on les laisse avancer jusqu'à

____

[1] *Correspondance de Napoléon,* n° 3144.

demi-portée, et qu'alors les bombes et les boulets rouges commencent à la fois, doucement et avec méthode, et je vous assure qu'ils ne tarderont pas à s'en repentir.

«Lorsque les bâtiments viennent faire les jolis cœurs, faites tirer à demi-charge pour les attirer et les amorcer. Toute batterie où on n'a que le temps de tirer une ou deux bombes et trois ou quatre coups de canon est commandée par un homme qui ne sait pas son métier, ou c'est qu'on n'a pas laissé assez approcher le bâtiment. Si l'on a laissé approcher le bâtiment à demi-portée, on doit avoir le temps de tirer cinq ou six bombes et huit ou dix boulets par bouche à feu; et, si les pointeurs sont bons et que les officiers aient du sang-froid, il est certain que dans ce nombre de coups il y en a qui doivent faire grand ravage, et le vaisseau doit être perdu. Défendez que l'on tire à boulets froids, à moins que cela ne soit quelques coups entremêlés, pour faire reposer la pièce, sans cela les canonniers tireront toujours à boulets froids; ils n'aiment pas tirer à boulets rouges.

«Faites faire tous les jours, par les différents détachements d'artillerie, l'exercice à boulets rouges. La plupart de nos canonniers, même nos officiers, ont eu peu d'occasion de tirer à boulets rouges. Il est inutile de faire des fours à réverbère; pour les bien faire, il faut une grande dépense de fer, et, pour peu qu'ils soient mal faits, la chaleur les fait fendre, et ils ne sont plus d'aucun usage. Un bon gril enfoncé d'un pied en terre et environné de briques ou de terre est tout aussi bon et ne coûte ni peines ni dépenses à faire.

«Dans les endroits les plus essentiels, je désirerais que vous eussiez un gril particulier, avec deux pièces de 16 et même de 12, longues. Le tir à boulets rouges en est beaucoup plus certain, beaucoup plus facile et moins sujet à accidents; seulement il faut tirer d'un peu plus près. Il faudrait placer ces batteries de petites pièces sous la protection des batteries de 24; elles ne sont destinées à commencer le feu que bien après l'autre, et au moment où le vaisseau arrive à un point déterminé que ces petites pièces sont chargées de défendre; elles servent d'ailleurs de batteries de réserve. Il faut assez les éloigner des batteries de 24 pour qu'un accident, qui arriverait à ces premières batteries, n'influât pas sur les secondes, et bien éviter surtout que, quelque position que puissent prendre les vaisseaux, elles ne se trouvent sous le prolongement des feux l'une de l'autre [1]. »

On voit par le commencement de cette lettre que Bonaparte était d'avis qu'on ne devait tirer sur les vaisseaux ennemis qu'à demi-portée, de façon à obtenir un tir efficace. On verra que, plus tard, il changera d'idée et préconisera le tir à toute volée en l'exécutant avec le plus de rapidité possible.

Tentatives des Anglais.

Le 31 août 1798, les Anglais réunis aux Portugais tentèrent de débarquer à Aboukir, mais, reçus vigoureusement par l'adjudant général Escale, leurs avisos et leurs chaloupes virèrent de bord avec rapidité.

Au mois d'octobre suivant, nouvelle tentative, plus sérieuse : l'escadre anglaise, après avoir canonné le fort d'Aboukir et la batterie qui y était jointe, pendant quatre jours, du 24 au 28, avec beaucoup d'opiniâtreté, tenta le débarquement. Mais plusieurs chaloupes ayant été coulées bas, les Anglais n'osèrent arriver jusqu'au rivage.

Le fort d'Aboukir avait été fort endommagé par la canonnade des vaisseaux ennemis, mais il fut promptement remis en état; son armement fut, en même temps, augmenté et porté à quatre pièces de gros calibre, quatre plus petites et deux mortiers, sans oublier le gril à faire rougir les boulets. On éleva aussi sur la même rade une autre batterie et une redoute.

---

[1] *Correspondance de Napoléon*, n° 3228.

Au mois de février 1799, les Anglais recommencèrent à tirer contre les forts de la côte, mais de loin, et comme Marmont signalait que les projectiles français ne parvenaient pas à atteindre les bateaux ennemis, Bonaparte, en route pour l'expédition de Syrie, lui écrivait de Gaza :

« Je ne comprends pas trop bien pourquoi vos bombes n'attrapent pas les bombardes anglaises; il faut que vous ayez de bien mauvais canonniers. Pour être sûr d'attraper un bâtiment, il faut placer quatre mortiers à côté l'un de l'autre, les mettre sur un même angle, tirer avec le premier, augmenter ou diminuer la charge au deuxième, continuer l'épreuve au troisième, et l'on arrive à attraper au quatrième. S'ils approchaient assez près pour que vous pussiez leur tirer avec des mortiers de 8 à la Gomer, vous seriez beaucoup plus sûr. Ce bombardement me paraît aussi insignifiant que celui du Havre; je désirerais que la peste ne vous fît pas plus de mal qu'il vous en fera, aux inquiétudes près que cela pourra vous donner.

« Ne vous découragez point de leur faire tirer à boulets rouges dessus; après avoir tiré cent coups inutiles, le cent et unième met le feu [1]. »

Au commencement du siège de Saint-Jean-d'Acre, la croisière anglaise, ayant fait une tentative contre le port de Hagfâ, perdit beaucoup de monde, ainsi qu'une chaloupe canonnière dont la caronade de 36 prit place immédiatement dans la batterie de brèche. Quelques jours plus tard, une attaque nouvelle se produisit, mais fut aussi infructueuse : les batteries françaises coulèrent bas et brûlèrent plusieurs chaloupes ennemies [2].

[1] *Correspondance de Napoléon*, n° 3994.
[2] *Ibid.*, n° 4065.

Nouveaux travaux pour l'armement des côtes.

Au retour de l'expédition de Syrie, Bonaparte crut devoir accroître encore la défense des côtes d'Égypte.

Il fit augmenter l'armement du fort de Rosette de façon qu'on pût y tirer dix mille coups de canon[1]; il ordonna la construction d'une redoute à l'est de la même place, de façon que l'ennemi, débarquant entre le lac et Boghaz, dût s'emparer de cette redoute avant de songer à marcher sur Rosette[2]; il donna des ordres pour faire embosser à l'embouchure du lac Bourlos un gros bâtiment armé de bouches à feu de gros calibre, afin de défendre la passe, en attendant la construction d'un nouveau fort[3].

Enfin, on mit en bon état de défense El A'rych, place des plus importantes que Bonaparte devait signaler à Kléber, dans les instructions qu'il lui laissa avant de s'embarquer pour la France, comme une des deux clefs de l'Égypte, Alexandrie étant l'autre[4].

Débarquement des Turcs à Aboukir.

La flotte anglo-turque, après s'être présentée pour attaquer Alexandrie, où elle fut accueillie par une pluie de bombes et de boulets, alla mouiller en rade d'Aboukir; puis les Turcs opérèrent leur débarquement sur le bord du lac Madieh.

Les Français avaient à Aboukir un fort convenablement armé et difficile à enlever de vive force; de plus, Marmont avait fait construire une forte redoute en avant du village qui s'étendait au pied du fort. Trois cents hommes défendaient la redoute et cent le fort.

Le 14 juillet, après avoir canonné la redoute, les Turcs la prirent d'assaut avec une *intrépidité singulière*, suivant l'ex-

(1) *Correspondance de Napoléon*, n° 4168.
(2) *Ibid.*, n° 4163.
(3) *Ibid.*, n° 4197.
(4) *Ibid.*, n° 4374.

pression de Bonaparte [1]; ils s'étendirent alors dans le village, et le commandant du fort, intimidé par le déploiement des forces ennemies, capitula sans combattre.

On sait que ce succès fut éphémère; Bonaparte, accourant avec 4,000 à 5,000 hommes, détruisit les 20,000 soldats de Mustapha Pacha.

Après la bataille, 3,000 à 4,000 Turcs étaient restés barricadés dans le village ou occupaient le fort; Bonaparte établit des batteries qui bombardèrent les positions des ennemis et les obligèrent bientôt à capituler. D'autres batteries établies de part et d'autre de l'isthme eurent pour objectif la flottille et les vaisseaux anglo-turcs; plusieurs chaloupes furent coulées bas et une frégate démâtée [2].

A la suite de ces événements, Bonaparte fit raser le village d'Aboukir et renforça la défense de la rade par la construction d'un fort élevé sur l'emplacement de la redoute et l'établissement de trois batteries basses destinées à interdire l'entrée du lac, où les Turcs avaient opéré leur débarquement [3].

III

LE CONSULAT
(1800-1804).

Patrouilles d'officiers de marine. — Affaires de Boulogne en 1801. — Travaux à Cherbourg et à Rochefort en 1802. — Vastes travaux de défense à la rupture de la paix d'Amiens. — Fortifications de Boulogne. — Création des canonniers gardes-côtes. — Améliorations au matériel d'artillerie. — Défense mobile des côtes. — Instruction des canonniers. Prise de la *Minerve*. — Engagements de la flottille de Boulogne.

Patrouilles d'officiers de marine.

Afin d'assurer la sécurité des côtes, le Premier Consul in-

[1] *Correspondance de Napoléon*, n° 4323.
[2] *Ibid.*, n° 4334.
[3] *Ibid.*, n° 4328.

stitua en février 1801 des patrouilles de cavalerie chargées de parcourir fréquemment le littoral; elles étaient commandées par des officiers de marine.

Voici, en particulier, le texte de l'arrêté qui instituait ce service de Lorient à Nantes [1] :

« ART. 1er. Quatre lieutenants ou capitaines de vaisseau, nommés par le Préfet maritime de Lorient, chacun à la tête de trente hommes de cavalerie et de quatre hommes de gendarmerie de la marine, feront constamment des patrouilles de Lorient à Nantes.

« ART. 2. Le Préfet maritime de Lorient désignera la portion de la côte que chacun d'eux devra parcourir.

« ART. 3. Le but de ces patrouilles sera :

« 1° De faire partir tous les bâtiments destinés à l'approvisionnement de Brest et qui ne profitent pas, par négligence, des temps favorables;

« 2° De surveiller les lougres et autres bâtiments ennemis qui correspondent avec la côte;

« 3° De visiter les batteries de côte et de punir sévèrement les chefs de pièces et canonniers qui ne restent pas à leur poste.

« ART. 4. Le Ministre de la marine donnera à ces officiers de marine 1,200 francs pour se monter. »

Des généraux furent, en outre, chargés de l'inspection extraordinaire des batteries de côte, afin de s'assurer qu'elles étaient en bon état et susceptibles de tirer dans de bonnes conditions [2].

Affaires de Boulogne en 1801.

Par un arrêté du 3 mars 1801, Bonaparte avait ordonné

[1] *Correspondance de Napoléon* n° 5345.
[2] *Ibid.*, n° 5673.

qu'une flottille composée de chaloupes canonnières et de bateaux canonniers serait formée à Boulogne. En même temps, ce port fut armé de nombreuses batteries de côte, notamment sur la digue. L'Angleterre fut alarmée de ces préparatifs et chargea Nelson de détruire cette réunion de petits bateaux.

Le 4 août, l'amiral anglais, à la tête de deux vaisseaux, deux frégates, quatorze bricks, sept cutters, un lougre et trois bombardes, attaqua la flottille; grâce aux intelligentes dispositions de l'amiral Latouche-Tréville, la flotte ennemie dut battre en retraite devant les feux de terre et des canonnières et bateaux canonniers.

Nelson alla se réparer à Deal et à Margate; puis, ayant porté ses forces à soixante-dix voiles, il reparut bientôt devant Boulogne. Afin de n'avoir pas, cette fois, à compter avec les batteries de côte, il attaqua dans la nuit du 15 au 16 août. Cette tentative fut désastreuse; la flottille française ne put être rompue et les Anglais durent se retirer, ayant perdu 200 hommes tués ou blessés. Une de leurs divisions, qui se laissa surprendre par le jour, fut criblée par l'artillerie des bateaux et de la digue.

Travaux à Cherbourg et à Rochefort en 1802.

Après la paix d'Amiens, Bonaparte donna des instructions pour qu'on entreprît des travaux de défense à Cherbourg et à Rochefort.

Il ordonna, en ce qui concernait le premier de ces ports, qu'on exhaussât la digue tout d'abord au centre et aux deux extrémités, afin de pouvoir y établir le plus tôt possible trois batteries. Celle du centre devrait être armée de vingt pièces de canon et de huit mortiers, les deux autres auraient un armement moitié moindre. Il ouvrait pour l'exécution de ces travaux un crédit de 50,000 à 60,000 francs par mois [1].

[1] *Correspondance de Napoléon*, n° 6195.

Pour la défense de Rochefort, ou plutôt pour celle de l'île d'Aix, il ordonna la construction de la batterie d'Enette, destinée à recevoir dix canons et six mortiers; sur la pointe de l'Épée, il installait aussi six canons et deux mortiers; ces deux batteries étaient destinées à assurer la communication entre Rochefort et l'île d'Aix.

Il adoptait une batterie de quatre canons et six mortiers au fort des Palles afin de protéger l'embouchure de la Charente.

Enfin il ordonnait la construction du Boyard, qui devait être un *ouvrage d'une très grande puissance;* l'armement du fort distribué sur deux étages devait se composer, pour l'étage inférieur, de trente-cinq canons de 36 et de six mortiers et, pour l'étage supérieur, de quatorze canons et de douze mortiers, avec huit pièces de 12 pour le flanquement [1].

Vastes travaux de défense à la rupture de la paix d'Amiens.

Lorsqu'en 1803 la guerre recommença avec l'Angleterre, Bonaparte donna un immense essor aux travaux de défense des côtes; il voulut fermer le continent aux Anglais depuis l'Italie jusqu'à la Hollande. Tarente devint une place forte, destinée à contre-battre Malte; on arma Piombino, la Spezzia; il en fut de même de l'île d'Elbe et de la Corse, et la défense de ces deux îles fut combinée avec celle de la Toscane. Les côtes de la Hollande furent couvertes de batteries de Flessingue à Texel; l'île de Walcheren fut fortement armée. La Belgique fut mise aussi sur un pied respectable de défense.

Quant aux côtes de France, les travaux eurent lieu surtout sur les côtes de la Manche, et Boulogne fut désigné comme le point d'où l'on devait, le moment venu, frapper l'Angleterre. Cette côte armée d'une façon formidable reçut à juste titre le nom de *côte de fer.*

[1] *Correspondance de Napoléon,* n° 6227.

Fortifications de Boulogne.

Pour donner un puissant appui à la flottille de Boulogne, le Premier Consul fit construire un fort de premier ordre sur un rocher isolé; cet ouvrage reçut le nom de fort Rouge. En attendant qu'il fût achevé, on établit un fort flottant, sorte de vaisseau sans mât, de l'invention de l'ingénieur Forfait [1]. D'autres forts et batteries furent également construits sur tout le pourtour de la rade.

Afin de protéger le fort Rouge en construction, pendant la basse mer, moment où, se découvrant, il pouvait être attaqué avec grand avantage pour l'ennemi, Bonaparte eut l'idée d'établir sur la laisse de la basse mer des mortiers à poste fixe qui, par conséquent, étaient recouverts par la mer deux fois par jour.

Des pièces légères de 24, attelées à six chevaux, furent aussi préparées pour se porter sur cette laisse, lorsqu'il en serait besoin.

Les servants des bouches à feu tirant de la plage étaient protégés de la mitraille à l'aide d'écrans en bois.

Cette disposition, consistant à avoir des pièces au bord même de l'eau, permettait aussi de protéger de plus près les bateaux de flottille rentrant dans le port à marée basse [2].

Création des canonniers gardes-côtes.

Les 14,000 canonniers volontaires, créés par la loi du 18 floréal an III (7 mai 1795) pour la défense des côtes, avaient été supprimés par un arrêté de l'an X, et leurs 130 compagnies versées dans les autres corps de troupe.

Un arrêté du 8 prairial an XI (28 mai 1803) rétablit ce

[1] *Correspondance de Napoléon*, n° 7053.
[2] *Ibid.*, n° 7029.

corps spécial sous le nom de *canonniers garde s-côtes;* 100 compagnies furent créées. De plus, il fut formé dans les îles 28 compagnies de canonniers gardes-côtes sédentaires à l'aide des ressources qu'offraient les gardes nationales.

Ces troupes étaient partagées entre les diverses sections d'artillerie de la côte, et, dans chacune d'elles, un officier supérieur réformé en avait le commandement.

Le nombre de ces compagnies augmenta par la suite, au fur et à mesure de l'extension du territoire de la France; en 1813, il était de 145 pour les gardes-côtes et de 33 pour les sédentaires.

Voici le texte de l'arrêté du 8 prairial concernant l'organisation des compagnies de gardes-côtes :

« Art 1er. La garde et le service des batteries établies sur les côtes de la République et îles françaises en Europe seront confiés à 100 compagnies de canonniers gardes-côtes, réparties dans les directions d'artillerie ci-après, savoir : Bruges, 1; Lille, 2; Saint-Omer, 4; le Havre, 8; Cherbourg, 12; Brest, 18; Nantes, 14; La Rochelle, 13; Bayonne, 1; Perpignan, 2; Montpellier, 3; Toulon, 19; Corse, 3.

« Art. 2. Chaque compagnie de canonniers gardes-côtes sera composée de : 1 capitaine, 1 lieutenant, 1 sergent-major garde-magasin principal, 4 sergents, 8 caporaux, 8 appointés, 2 tambours et 96 canonniers.

« Art. 3. Les officiers seront nommés par le Premier Consul, et choisis parmi les officiers réformés des autres armes et qui jouissent du traitement de réforme ou d'une solde de retraite.

« Les sergents, caporaux et appointés seront choisis par le capitaine.

« Art. 4. Les préfets désigneront aux communes de leurs départements le nombre de canonniers qu'elles devront fournir, d'après les instructions qui seront adressées aux préfets par le Ministre de la guerre.

« Les hommes désignés devront n'avoir pas moins de 25 ans, ni plus de 45; ceux qui auraient moins de 5 pieds ou des infirmités ne seront pas reçus.

« On choisira de préférence des militaires qui ont obtenu leur congé ou leur retraite pour blessures ou infirmités provenant des événements de la guerre, et qui ont encore les facultés nécessaires pour le service.

« ART. 5. Les hommes admis dans les compagnies de canonniers gardes-côtes devront y servir pendant cinq années consécutives; ils pourront, tous les cinq ans, renouveler leur engagement, jusqu'à ce qu'ils aient atteint l'âge de 50 ans.

« ART. 6. L'organisation des compagnies sera faite par le directeur ou sous-directeur d'artillerie de l'arrondissement, ou par un officier d'artillerie désigné par le directeur.

« ART. 7. Indépendamment des 100 compagnies de canonniers gardes-côtes créées par l'article 1er du présent arrêté, il en sera formé 28 autres sous la dénomination de *Compagnies de canonniers gardes-côtes sédentaires*, qui seront établies, savoir : à Belle-Île, 5; à Ouessant, 1; à l'île de Groix, 2; à l'île de Brehat, 2; à l'île de Baz, 1; aux Sept-Îles, 1; à l'Île-Dieu, 2; à l'île de Noirmoutier, 2; à l'île de Ré, 4; à l'île d'Oléron, 4; à l'île d'Elbe, 4.

« Ces compagnies seront toutes composées des habitants du pays et seront considérées comme gardes nationales. En temps de guerre maritime, elles feront le même service que les autres compagnies de canonniers gardes-côtes et jouiront, à titre d'indemnité, pour chaque jour de service aux batteries et sur les côtes, savoir :

« Les sous-officiers et canonniers, 0 fr. 50; les capitaines, 3 francs, et les lieutenants, 2 francs.

« Au moyen de cette indemnité, il ne leur sera accordé aucune autre solde ni fourniture.

« Art. 8. Il y aura un adjudant de côte par chaque direction d'artillerie dans l'arrondissement de laquelle seront établies des compagnies de canonniers gardes-côtes. Il sera chargé de la surveillance du service et du maintien de la discipline des compagnies gardes-côtes; il correspondra directement avec les généraux commandant les divisions et départements, et avec les commandants d'armes et directeurs d'artillerie.

« Ces adjudants seront pris parmi les chefs de bataillon ou d'escadron réformés et de préférence parmi ceux qui ont servi dans l'artillerie.

« Ils passeront une fois chaque mois, et un jour de dimanche, la revue des compagnies de canonniers gardes-côtes de leur arrondissement. Si une compagnie est formée d'hommes appartenant à plusieurs communes, la revue aura lieu par escouade.

« Dans les directions où il y aura plus de dix compagnies, les adjudants de côtes pourront avoir un ou deux adjoints, suivant les besoins du service; ces adjoints seront pris parmi les adjoints d'état-major.

« Art. 9. L'uniforme des canonniers gardes-côtes sera composé d'un habit de drap bleu national, parements bleus, revers et retroussis vert de mer, doublure de serge et cadis blanc, gilet et culotte de tricot vert de mer, chapeau bordé de laine noire, bouton de métal jaune, timbré d'une ancre, d'un canon et d'un fusil.

« Les distinctions relatives aux différents grades des officiers et sous-officiers seront les mêmes que dans l'infanterie.

« Art. 10. L'armement consistera, pour chaque sergent ou canonnier, en un fusil, une baïonnette et une giberne; le tout des mêmes formes, largeur, longueur et proportion que celles de l'infanterie.

« Art. 11. Il sera fourni, tous les cinq ans, un habillement complet à chaque sous-officier et canonnier garde-côte, qui ne pourra être porté que pendant le temps de service et les jours de revue; le reste du temps, il sera déposé, ainsi que l'armement, à la maison commune, sous la responsabilité du maire ou de celui qui le remplacera.

« Art. 12. Les officiers de canonniers gardes-côtes auront rang entre eux du jour de leurs lettres ou brevets. Ceux qui auront précédemment servi dans les troupes de ligne conserveront le rang des grades qu'ils y avaient, et marcheront entre eux à grade égal pour le service de la côte, suivant les dates de leurs anciennes lettres, commissions ou brevets.

« Art. 13. Toutes les fois que les canonniers gardes-côtes seront réunis à des détachements de troupes de ligne pour la défense des batteries ou forts, les capitaines de canonniers seront sous les ordres des capitaines de troupes de ligne; mais les lieutenants desdites troupes seront commandés par les capitaines des canonniers gardes-côtes qui seront détachés auxdites batteries et forts.

« Art. 14. Il sera affecté à chaque batterie, en temps de guerre maritime, un garde-magasin qui sera pris parmi les canonniers vétérans ou parmi les sous-officiers ayant leur retraite.

« Il jouira d'un logement le plus près possible de la batterie; il devra savoir lire et écrire, et recevra des ordres immédiats des sous-directeurs et officiers d'artillerie en résidence.

« Art. 15. Le gardien aura un inventaire des pièces, munitions et attirails d'artillerie dont il sera chargé; il tiendra un état exact de celles remises en consommation, par jour et date, pour les représenter lorsqu'il en sera requis.

« Il enverra l'état de ces remises et consommations au directeur d'artillerie, aux époques qui seront désignées.

« Art. 16. Les munitions destinées au service des canons et mortiers ne seront délivrées que pour les consommations

des batteries auxquelles elles seront affectées; et il ne pourra
en être transporté ailleurs que sur les ordres du commandant
du département, du directeur ou sous-directeur d'artillerie.

« Art. 17. Le mouvement et le transport des munitions seront faits par les canonniers gardes-côtes; et s'il faut quelque secours extraordinaire pour exécuter le travail, les communes fourniront les hommes et les chevaux nécessaires,
sur la réquisition des capitaines des compagnies.

« Art. 18. En l'absence des officiers, les canonniers gardes-
côtes et leurs sous-officiers seront subordonnés au gardien
de la batterie, et exécuteront ce qu'il leur ordonnera sur les
objets concernant le service de l'artillerie.

« Art. 19. Les gardiens feront tous les jours, le matin et
le soir, visite des batteries et magasins; ils auront la plus
grande attention à ce que les magasins soient propres et bien
rangés, à tenir les poudres sèchement et en sûreté dans les-
dits magasins, et répondront de la conservation des effets et
munitions.

« Art. 20. Dès qu'un gardien apercevra qu'il y a des répa-
rations à faire dans les magasins dont il est chargé, il en
donnera avis au commandant de la batterie, et en fera un
état qu'il adressera au directeur de l'artillerie.

« Art. 21. Les gardiens se trouveront toujours à la batterie
lorsque la garde relèvera; ils vérifieront si l'ancienne garde
remet en bon état à la nouvelle les effets qui lui auront été
consignés.

« Pour que chaque gardien puisse faire exactement cette
vérification, il aura un double de la consigne qui devra être
donnée par le directeur d'artillerie avec un état des effets et
ustensiles de ladite batterie; et s'il manque quelques articles
ou qu'il y en ait d'endommagés, le gardien en rendra compte
au directeur d'artillerie et au commandant du département.

Art. 22. Le service des compagnies de canonniers gardes-côtes sera réglé par l'officier général commandant de la division : les détachements qui seront faits aux batteries seront relevés au moins tous les quatre jours; et si les circonstances exigeaient plus de quatre jours de service par le même détachement, il serait pourvu à la solde desdits détachements jusqu'au jour exclusivement auquel ils seraient relevés, sur le pied fixé ci-après.

« Art. 23. Chaque capitaine de canonniers formera, pour les batteries auxquelles sa compagnie sera attachée, un rôle à trois colonnes, dont la première contiendra le nom des canonniers; et la troisième, celui de leur demeure.

« Ce rôle sera remis à l'officier d'artillerie qui sera chargé du service des batteries où devra servir la compagnie.

« Art. 24. Il y aura à chaque batterie, à la charge du gardien, un contrôle des sous-officiers destinés au service de la batterie. Il sera présenté par le gardien à l'adjudant de côte, au directeur ou sous-directeur d'artillerie lorsqu'ils viendront à la batterie, et à tout autre officier d'artillerie qui y sera envoyé pour commander ou faire exercer et manœuvrer les canonniers.

« Art. 25. Les canonniers gardes-côtes qui seront commandés pour le service des batteries s'y rendront armés, et seront conduits par leurs officiers ou sous-officiers, selon qu'ils marcheront par compagnie ou par escouade : en cas d'alarme, ils y marcheront sans armes et le plus promptement possible; leurs armes seront transportées, des magasins aux batteries, sur des voitures qui seront fournies par les communes.

« Art. 26. Il sera établi des sentinelles à toutes les batteries. Le nombre en sera réglé en raison de celui des canonniers qui y seront de service et des objets sur lesquels il y aura à veiller.

« Art. 27. Les sentinelles ne laisseront faire aucune dégradation aux batteries; elles empêcheront qu'il n'en soit enlevé aucun effet; elles ne laisseront entrer dans lesdites batteries que les officiers de service, et autres personnes qui seront connues ou qui auront des permissions par écrit du commandant ou du directeur d'artillerie; elles arrêteront et feront reconnaître les troupes qui se présenteront, soit pour relever les canonniers de service, soit pour en augmenter le nombre, et telle autre troupe que ce soit; elles avertiront le commandant de tout ce qu'elles apercevront à la mer et sur la côte, et qui leur paraîtrait mériter attention.

« Art. 28. Il sera fait, le jour et la nuit, des rondes et des patrouilles au dehors des batteries et sur la côte, tant pour la sûreté desdites batteries, que pour empêcher qu'il ne se passe rien de préjudiciable au service.

« Art. 29. Il y aura à chaque batterie une consigne particulière, relative à la position, à l'étendue et à l'importance desdites batteries; et cette consigne sera donnée par le commandant du département.

« Art. 30. Les canonniers gardes-côtes qui seront aux batteries y feront l'exercice du canon une fois par jour; on aura soin de les instruire dans les exercices de la charge qui convient à chaque calibre.

« Art. 31. On ne tiendra ni canon ni mortier chargés dans les batteries, à moins que l'ordre n'en ait été donné par le commandant : on ne chargera les bombes que dans le besoin; mais elles seront d'avance rendues propres à recevoir la poudre, et seront empilées l'œil en bas, pour qu'elles ne s'emplissent ni d'eau ni de terre.

« Art. 32. Il ne sera tiré des batteries aucun coup de canon ni de mortier, soit pour souffler les pièces, soit pour les épreuves ou pour les saluts, sans un ordre par écrit, qui sera représenté avec l'état des consommations.

« Art. 33. Les canonniers seront tenus à l'entretien de la batterie à laquelle ils seront attachés, répareront en gazonnages les parapets, merlons et épaulements de terre, arracheront les herbes qui pourraient les dégrader, tiendront propres les plates-formes, et entretiendront les rigoles pour l'écoulement des eaux.

« Art. 34. La solde des compagnies de canonniers gardescôtes, en temps de guerre, est réglée ainsi qu'il suit :

Capitaine...............................	100f 00' par mois.
Lieutenant.............................	66 66
Sergent-major.........................	1 00 par jour.
Chaque sergent........................	0 80
Chaque caporal........................	0 65.
Chaque appointé.......................	0 60
Chaque tambour.......................	0 60
Chaque canonnier.....................	0 50

« Au moyen de ce traitement, les sous-officiers et canonniers seront tenus de se pourvoir de pain et autres subsistances pendant le temps de leur service.

« Art. 35. Ce traitement sera payé sur un contrôle nominatif, signé par les capitaines, lieutenants et sergents-majors des compagnies, qui en seront responsables.

« Ce contrôle sera fait par triple expédition, dont une sera adressée au directeur d'artillerie, une au quartier-maître, dont il sera parlé ci-après, et l'autre à l'inspecteur aux revues de la division.

« Art. 36. Il sera établi, dans chaque direction d'artillerie, un quartier-maître nommé par le Premier Consul, qui sera chargé de tous les détails de la comptabilité des compagnies des canonniers gardes-côtes.

« Il fournira un cautionnement qui sera réglé, pour chaque direction, en considération du nombre des compagnies qui y sont employées.

« Son traitement sera de 1,800 francs.

« Art. 37. Le service des compagnies gardes-côtes, pendant la guerre, sera compté comme celui qu'elles pourraient rendre aux armées.

« En temps de paix, chaque année sera comptée pour une demi-année.

« Les sous-officiers auront droit à l'admission de leurs enfants à l'école de Compiègne.

« Art. 38. Une batterie pour chaque compagnie sera conservée en temps de paix. Il sera fourni un logement à proximité au sergent-major qui en aura la garde. Le capitaine sera tenu de résider dans la commune la plus voisine de cette batterie.

« Art. 39. Les canonniers gardes-côtes seront réunis tous les ans, dans la saison la plus favorable, et pendant dix jours, aux batteries conservées. Les officiers de la direction leur feront faire l'exercice du canon et des boulets rouges. Il y aura toujours à ces exercices un officier d'artillerie de la direction, et, le plus souvent possible, un sous-directeur, ou le directeur lui-même. Pendant ces dix jours, les compagnies de canonniers gardes-côtes recevront une solde extraordinaire, conformément à l'article 34 du présent arrêté.

« Art. 40. Toutes les fois que la garde nationale prendra les armes, les canonniers auront la droite et seront censés former les grenadiers de la garde nationale, qui marchera à leur secours et se portera aux batteries lorsque les circonstances l'exigeront.

« Art. 41. Lorsque les canonniers gardes-côtes seront requis par la gendarmerie nationale ou par les préfets ou sous-préfets, ils recevront la solde extraordinaire fixée par l'article 34.

« Art. 42. Les directeurs ou sous-directeurs d'artillerie réuniront tous les ans, à un point central de la direction, les officiers, sergents et caporaux de cinq compagnies, pour les exercer aux manœuvres de force, à celles de chaque espèce de bouche à feu et au tir des bombes et des boulets rouges.

« Ils recevront, pendant le temps de cette réunion, la solde réglée par l'article 34.

« Art. 43. Les compagnies de canonniers gardes-côtes jouiront pendant la paix, à titre d'indemnité, du traitement ci-après, savoir :

Capitaine.......................................	600f 00c par an.
Lieutenant.....................................	400 00
Sergent-major.................................	150 00
Chaque sergent................................	72 00
Chaque caporal................................	54 00
Chaque appointé..............................	45 00
Chaque tambour...............................	45 00
Chaque canonnier.............................	36 00

« Au moyen de ce traitement, les sous-officiers et canonniers se fourniront de chaussures, linge et autres objets de petit équipement.

« Art. 44. Le traitement de l'adjudant de côte sera, en temps de paix, de 2,000 francs; il sera de 3,000 francs en temps de guerre. »

Améliorations au matériel de l'artillerie.

Afin d'augmenter la portée des bouches à feu, Bonaparte fit faire des mortiers à grande chambre et à parois renforcées; il put ainsi obtenir des portées de 2,000 toises; les expériences sur cet objet eurent lieu aux Sablons, le 20 septembre 1803, en présence même du Premier Consul [1].

Sans abandonner le tir à boulets rouges, on adopta éga-

____

[1] *Correspondance de Napoléon,* n° 7123.

lement le tir à boulets creux, dont la Marine française faisait usage depuis quelques années.

Enfin des affûts furent construits afin de permettre le tir sous des angles voisins de 45 degrés. Cette détermination fut prise à la suite de l'affaire de Boulogne du 27 thermidor an XI, où l'on remarqua des différences, à l'avantage de l'ennemi, dans les portées des projectiles. L'amiral Bruix, commandant de la flottille, avait attribué cette différence à la qualité inférieure de la poudre française; Bonaparte avait relevé cette erreur en ces termes :

« Nos affûts de côtes ne peuvent tirer le boulet que sous l'angle de 10 degrés, et nos affûts de place sous celui de 13 degrés. Les affûts marins tirent sous l'angle de 25 degrés. Les vaisseaux tirent sous l'angle de 25 degrés, leur canon étant monté sur l'affût marin, mais le roulis ajoute encore à l'avantage de leur tir.

« Nos boulets sur affûts de côtes n'iront jamais au delà de 1,300 toises; sur affûts de siège, au delà de 1,400, et sur affûts marins, au delà de 1,600; tandis qu'une pièce, sur affût au plus grand angle possible, c'est-à-dire à 43 degrés, portera le mobile à 2,500 toises.

« Ces observations ont déjà été données par le Ministre de la guerre aux officiers d'artillerie chargés d'établir à Boulogne, à Dunkerque et au Havre, deux batteries de pièces de canon, l'une de trois pièces de 36, l'autre de trois pièces de 24.

« Elles sont placées sur des affûts construits de manière à pouvoir tirer sous l'angle de 43 degrés. Les pièces de 36 lanceront des obus de 6 pouces, et celles de 24 des boulets à une distance aussi considérable que peuvent le faire des vaisseaux.

« Cette façon de tirer avait été interdite, parce que, si l'on montait un grand nombre de pièces de la sorte, ce serait souvent de la poudre jetée en l'air; car il y a une grande différence entre tirer sur un vaisseau, qui est un point unique, et tirer sur une plage ou sur une ville. De plus, si les canon-

niers ne manquaient jamais de tirer sous l'angle de 43 degrés,
la batterie se trouverait hors de service au cinquième ou
sixième coup, c'est-à-dire dans le moment que le vaisseau
s'approcherait et où le tir serait véritablement dangereux [1]. »

Défense mobile des côtes.

Le Premier Consul apporta toute son attention à l'organisation de la défense mobile des côtes. Celle-ci fut constituée
par des pièces légères et de la cavalerie.

« Vous devez aussi avoir, écrivait-il à Davoust, commandant du camp de Bruges, des batteries mobiles d'artillerie
légère, d'une pièce au moins par lieue, pour pouvoir protéger un bâtiment qui serait coupé et poursuivi. C'est par là
que, sur les côtes de Bretagne, de Normandie et du Boulon-
nais, nous avons conservé un grand nombre de bâtiments,
et plus que cela tout l'honneur attaché à notre pavillon, en
déconcertant l'ennemi, qui voit nos expéditions et nos mou-
vements sans pouvoir les empêcher [2]. »

Des piquets de cavalerie devaient être disposés de façon
à se croiser sans cesse et à pouvoir arriver dans le moins de
temps possible aux endroits attaqués par l'ennemi. Les cava-
liers devaient, en outre, être exercés à la manœuvre du
canon, afin de pouvoir venir en aide aux canonniers. Bonaparte faisait écrire au général Sébastiani qu'il devait veiller
à ce que ses hussards aient toujours des cartouches sur eux
« de manière à pouvoir protéger, même avec leurs carabines,
les bâtiments échoués à terre. Il doit rappeler aux hussards
qu'un soldat français doit être cavalier, fantassin, canonnier;
qu'il est là pour se prêter à tout [3] »

[1] *Correspondance de Napoléon,* n° 7094.
[2] *Ibid.,* n° 7606.
[3] *Ibid.,* n° 7137.

Instruction des canonniers.

Le Premier Consul donna des ordres réitérés pour que l'instruction militaire des canonniers gardes-côtes fût aussi perfectionnée que possible; chaque jour, ils devaient passer un certain temps à la manœuvre et être souvent exercés au tir à la mer.

Les généraux inspecteurs de la côte devaient être constamment à cheval, faire manœuvrer devant leurs yeux au moins quatre batteries par jour et ne jamais coucher dans les villes [1].

Tous les lieutenants en second d'artillerie de la marine furent attachés à la défense des principales batteries des arrondissements [2]. Il y eut, du reste, pendant toute la durée de l'Empire, un grand nombre d'officiers de ce corps détachés sur les côtes.

Bonaparte donnait les instructions suivantes pour le tir des mortiers :

« Il faut que quatre ou cinq mortiers soient chargés et tirés successivement, le plus promptement possible, en augmentant ou diminuant de quelques degrés, suivant le résultat de la bombe ou du mortier précédent; de cette manière, le bâtiment n'a pas le temps d'échapper et essuie plusieurs bombes [3]. »

Il recommandait, en outre, de ne pas épargner les boulets et les bombes et de faire tirer avec la plus grande activité dès que l'ennemi était à portée.

Prise de la MINERVE.

Le 2 juillet 1803, la frégate anglaise la *Minerve* s'échoua

[1] *Correspondance de Napoléon*, n°ˢ 7137 et 7232.
[2] *Ibid.*, n° 6714.
[3] *Ibid.*, n° 7105.

vers 9 heures du soir sur la digue de Cherbourg. Elle fut canonnée par les deux canonnières la *Chiffonne* et la *Terrible*, ainsi que par le fort de l'île Pelée. Le matin étant arrivé, le capitaine anglais, craignant d'être écrasé par le fort, amena son pavillon, mais stipula qu'il ne rendait pas son épée à l'un des capitaines des canonnières, mais bien au commandant de l'artillerie de l'île Pelée.

Cette affaire fut l'occasion d'une vive polémique entre la Marine et la Guerre, à la suite de laquelle il fut arrêté que les batteries de terre pourraient être appelées, tout aussi bien que les bateaux, à faire des prises et à en bénéficier.

Engagements de la flottille de Boulogne.

La flottille de Boulogne eut de nombreuses affaires avec les bateaux anglais; les engagements étaient continuels.

En septembre 1803, les Anglais tentèrent de bombarder Granville, Dieppe, Fécamp; ils ne firent pas grand mal à ces villes. Quant aux bateaux de flottille, ils soutinrent la lutte avec une vigueur étonnante, grâce à la protection puissante des batteries et des forts de la côte.

Dans une affaire qui eut lieu le même mois à Boulogne, les mortiers à plaque, à grande chambre, donnèrent d'excellents résultats.

Une frégate anglaise, qui ne pensait pas pouvoir être atteinte, eut sa mâture endommagée et plusieurs hommes tués [1].

En résumé, tout avait été si bien combiné, que l'ennemi, en dépit du grand nombre de ses vaisseaux, ne put retarder d'un seul instant la réunion de toute la flottille à Boulogne; les bateaux, grâce aux nombreuses fortifications des côtes, purent tous rallier des différents ports; quand il y eut des engagements, ils furent toujours à l'honneur des Français.

[1] *Correspondance de Napoléon,* n° 7101.

L'artillerie mobile fut souvent d'un très grand secours, notamment dans l'affaire que l'amiral hollandais Verhuel eut à soutenir avec la *Ville d'Anvers* et la flottille batave en sortant de Flessingue.

Aussi Bonaparte pouvait-il écrire le 28 novembre 1803 au général Soult :

« Les Anglais annoncent un nouveau bombardement à Boulogne, dont ils veulent s'approcher davantage. Nous ne pouvons rien désirer de plus heureux [1]. »

Mais les Anglais se gardèrent de toute attaque.

IV

L'EMPIRE DE 1804 À 1810.

Travaux de défense des côtes. — Troupes. — Instruction pour le tir contre les bateaux ennemis. — Défense des côtes par les bateaux. — Installation de télégraphes le long des côtes. — Expédition des Anglais contre la Hollande.

Travaux de défense des côtes.

Après la paix de Presbourg, Napoléon s'occupa avec son activité habituelle de mettre les côtes de l'Empire dans le meilleur état de défense; c'était là, du reste, une des conséquences de la bataille navale de Trafalgar, qui avait rendu les Anglais maîtres incontestés de la mer. Au mois d'août 1806, l'Empereur exposait ainsi ses vues sur la défense des côtes de la France :

« Monsieur Dejean, je désirerais que le premier inspecteur du génie me remît sous les yeux les plans de Brest, Toulon, Lorient, Cherbourg, avec les devis, et en me faisant connaître le temps nécessaire pour les exécuter; car il est convenable de penser, dans les moments de paix et de prospérité où nous nous trouvons, à l'avenir et à améliorer notre sys-

[1] *Correspondance de Napoléon,* n° 7332.

tème défensif. Une ligue de plusieurs puissances est toujours formée par l'Angleterre; elle exige de notre part un grand déploiement de forces sur le continent et expose nos côtes aux entreprises de nos ennemis. Il faut calculer notre système de manière que, dans un mois ou six semaines qui suivraient un débarquement, il ne pût rien être entrepris qui nous produise un tort irréparable. De toutes les opérations que peut avoir pour but un débarquement, la prise de nos ports et de nos chantiers de construction est la plus attrayante pour les Anglais, et celle qui nous causerait le plus de dommages. Nos chantiers et arsenaux les plus importants sont Anvers, Rochefort, Brest, Toulon, Cherbourg, Lorient. Je vous ai déjà donné des ordres pour les deux premiers, et je suis bien aise d'avoir des plans et des mémoires raisonnés sur les quatre derniers.

« Je désire également avoir sur le Havre, Nantes, Marseille et Bordeaux des mémoires qui me fassent connaître les fortifications intermédiaires et directes de ces quatre points. Je crois que, depuis la Révolution, la défense de ces quatre ports a été dérangée et culbutée.

« Il est convenable de s'occuper aussi des îles Saint-Marcouf, d'Ouessant, de l'île d'Aix, de l'île d'Yeu, des îles d'Hyères; ce sont des points importants; je désire connaître les fortifications actuelles de ces îles et les projets du génie. Je désire aussi que le premier inspecteur appelle mon attention sur les îles et les points destinés à protéger notre cabotage et les mouillages, soit sur l'Océan, soit sur la Méditerranée.

« Mettez-moi sous les yeux le projet de défense de la rade de Vado et du golfe de la Spezzia, où des escadres peuvent, d'un moment à l'autre, chercher un refuge contre des forces supérieures [1]. »

Ce fut à Anvers que furent entrepris les travaux les plus

[1] *Correspondance de Napoléon*, n° 10688.

considérables; la Tête de Flandre et les redoutes de la rive
gauche de l'Escaut furent relevées et armées; le Ministre de
la marine reçut l'ordre de diriger sur cette place 150 pièces
de gros calibre sur affûts marins [1]. Flessingue vit aussi
accroître ses moyens de défense et une escadre de quelques
vaisseaux y prit position sous la protection des forts.

A Boulogne, des travaux de grande importance furent
aussi exécutés; une quinzaine d'ouvrages furent élevés et six
forts furent construits, notamment ceux du Renard, du Moulin à l'huile, de la Varoquerie et d'Outreau [2]. Ces divers
travaux ne furent guère terminés avant 1809.

L'Empereur ayant donné l'ordre de fermer la batterie Napoléon (milieu de la digue), à Cherbourg, le ministre Decrès proposa d'établir cette fermeture avec des filets d'abordage; Napoléon trouva que c'était une mauvaise plaisanterie,
et comme il ne plaisantait pas sur ce chapitre, il répondit
au Ministre :

«Je ne trouve rien de si ridicule que le filet d'abordage
soutenu par des montants en fer que l'on veut mettre sur la
batterie Napoléon, au lieu de faire un mur crénelé derrière
lequel 150 hommes pourraient se placer et se défendre jusqu'à ce qu'on leur ait porté du secours. Pourquoi est-il impossible de faire un mur crénelé vers le centre de la batterie, de manière que 150 hommes puissent y être placés en
sûreté? Les ingénieurs que vous en avez chargés et qui vous
ont répondu cela ne savent ce qu'ils disent, ou sont bien
ignorants. Ordonnez que l'on cesse sur-le-champ ces ridicules filets d'abordage, et que, sur le centre, ils fassent une
muraille crénelée de la hauteur de dix pieds, au centre de
la batterie. Écrivez à l'ingénieur qui a dit que ce n'était pas
possible qu'il est un sot, et qu'il ait à le faire [3].»

[1] *Correspondance de Napoléon*, n° 10831.
[2] *Ibid.*, n°⁵ 10549, 10746, 10831, 13685.
[3] *Ibid.*, n° 13919.

Le soin de défendre Brest et d'y établir des forts et batteries fut entièrement donné à la Marine. Des travaux importants furent exécutés pour la défense des rades de Bertheaume et de Camaret [1]; la Guerre fut chargée du reste des côtes.

Le fort Penthièvre de la presqu'île de Quiberon reçut un puissant armement.

Les ouvrages de défense de la rade de l'île d'Aix furent poussés avec activité et les batteries des îles d'Aix, de Ré et d'Oléron mises sur un pied des plus respectables; l'île d'Aix fut transformée en véritable camp retranché, par la construction d'une forte et vaste redoute élevée entre le Beau Séjour et le Moulin du Roi [2]. Les travaux du fort Boyard furent continués sans interruption.

Il fut pourvu à la défense de la Gironde par le relèvement des fortifications de la place de Blaye, qu'opéra le colonel du génie Lacoste, aide de camp de l'Empereur. Deux frégates furent placées en permanence à Bordeaux, à l'époque de la guerre d'Espagne.

En 1809, l'Empereur, préoccupé d'un débarquement possible des Anglais entre les Sablettes et Balaguier à Toulon, ordonna la construction d'un fort pour 600 hommes sur les hauteurs de l'Éguillette [3].

En 1808, tous les établissements militaires de Gênes furent transférés à la Spezzia.

« J'ai une forte garnison et des batteries formidables dans ce beau port, disait l'Empereur; je compte y établir un arsenal et en faire la succursale de Toulon [4]. »

Le roi de Naples reçut l'ordre, en 1807, de réarmer les batteries de Tarente, que, suivant l'expression de Napoléon,

[1] *Correspondance de Napoléon*, n° 8872.
[2] *Ibid.*, n° 13619.
[3] *Ibid.*, n° 15865.
[4] *Ibid.*, n° 13884.

aucun effort humain ne pouvait surmonter par mer [1]. Ancône, Castellamare et Naples furent aussi mises en état de défense.

Dès 1806, l'Empereur se préoccupait de la défense de Venise; il envoyait, cette année-là, le général Chasseloup en mission dans cette ville pour y étudier un projet de fortification [2]; mais ce fut seulement au commencement de 1809 que cette place fut mise sur un bon pied de défense; on arma les anciens forts en bois construits précédemment par les Autrichiens, et le contre-amiral Leissègues, avec 22 officiers de vaisseau et 186 canonniers de la marine, se rendit dans ce port. Ce personnel était destiné à servir sur des radeaux armés de canons pour la défense des lagunes; ces radeaux furent au nombre de six; ils avaient chacun quatre grosses pièces de 24, et devaient *présenter partout un grand feu.* Ils avaient un épaulement pour mettre les servants à l'abri du boulet [3].

Les côtes d'Istrie et de Dalmatie furent pourvues également de moyens de défense.

Troupes.

Des camps volants furent établis en 1806 à proximité des côtes, afin de pouvoir s'opposer avec rapidité à toute tentative de débarquement des Anglais; les principaux camps étaient à Boulogne, Saint-Lô, Pontivy et Napoléonville de plus, il y eut des forces respectables à Anvers, Cherbourg, Brest, île d'Aix et Toulon. Les troupes de défense des côtes comprenaient les trois armes. L'artillerie mobile, pour le nord de la France et de la Bretagne, était de 24 pièces pour Boulogne, 12 pour Cherbourg, 12 pour Saint-Malo, 18 pour Brest, 12 pour Lorient et 12 pour Pontivy; ces bouches à

[1] *Correspondance de Napoléon*, n° 12979.
[2] *Ibid.*, n° 10689.
[3] *Ibid.*, n° 15023.

feu n'avaient pas d'attelages; ceux-ci, lors d'une alerte, devaient être fournis par les préfets des départements dans les vingt-quatre heures[1].

Le corps des officiers de gardes-côtes n'ayant qu'une instruction très imparfaite, l'Empereur avait décidé, le 17 octobre 1804, qu'il ne serait accordé jusqu'à nouvel ordre aucun avancement à ces officiers et qu'on nommerait aux places vacantes des officiers venant de l'artillerie.

Lors de la création des régiments suisses en 1806, l'Empereur destina ces régiments à la défense des côtes :

« Monsieur Dejean, écrivait-il de Berlin à son ministre directeur de l'administration de la guerre, je vois avec plaisir que vous portez une attention particulière à l'organisation des régiments suisses. Cela est de la plus grande importance. Écrivez au landamman, écrivez aux colonels, servez-vous beaucoup de M. de Maillardez; que l'argent surtout ne manque pas. Je compte essentiellement sur ces régiments pour la défense de mes côtes. Le régiment qui est à Avignon gardera les ports de Toulon et de Marseille; celui de Rennes gardera la Bretagne; celui de Lille gardera Boulogne et les côtes. Il faut qu'ils aient chacun 3,000 hommes avant le mois de mai[2]. »

Les troupes de garde nationale furent aussi employées pour la défense des côtes; la garde nationale de la Gironde, en particulier, fut chargée en 1807 de la défense de l'île d'Oléron, de l'embouchure de la Gironde et de Blaye.

« Au printemps, écrivait Napoléon au général commandant la garde nationale de la Gironde, seule saison où les Anglais pourront entreprendre quelque chose, je m'en rapporte à votre zèle pour donner un coup d'œil sur les places et les batteries, afin que tout soit prêt pour que, si l'ennemi se

---

[1] *Correspondance de Napoléon,* n° 11477.
[2] *Ibid.,* n° 11237.

présentait, il soit reçu comme les Français ont l'habitude de le recevoir [1]. »

Napoléon avait toute son attention portée sur les côtes; c'était là son souci continuel, car l'Angleterre était sa plus grande préoccupation; aussi Junot fut-il chargé, au printemps de 1807, de passer une grande inspection de toute la défense du littoral.

« Mon cousin, écrivait l'Empereur à Cambacérès, dans une lettre adressée de Finkenstein, mon intention est que le général Junot, si aucune circonstance majeure ne s'y oppose, parte dans les premiers jours de mai pour passer la revue, corps par corps, des troupes du camp de Saint-Lô. Il verra les troupes trois jours de suite : un jour, pour passer l'inspection des armes, de l'habillement et prendre note des places vacantes; le second jour, pour les faire manœuvrer en régiments; le troisième jour, pour les faire manœuvrer en divisions. Il ira inspecter les forts de Cherbourg pour voir si tout est en état. Tous les jours, il me rendra compte, par un rapport détaillé, de la force des troupes, de leur instruction, de leur santé, de leur esprit.

« Il se rendra de là au camp de Pontivy, où il fera la même chose. Il verra les forts qui protègent la rade de Lorient et spécialement le fort Penthièvre.

« De là, il se rendra au camp de Napoléon et à l'île d'Aix. Après avoir employé un mois ou six semaines dans cette tournée, s'être bien assuré de la bonne situation des troupes, du bon esprit des généraux, des officiers, des soldats, de la force des bataillons, vous en avoir rendu compte, avoir fait connaître au ministre Dejean les besoins que les troupes peuvent avoir, m'en avoir adressé des rapports détaillés, il retournera à Paris [2]. »

[1] *Correspondance de Napoléon*, n° 11649.
[2] *Ibid.*, n° 12411.

A la même époque, le bruit courut d'une prochaine attaque des Anglais contre Brest ; Napoléon n'y croyait guère.

« Pour Dieu, écrivait-il à Decrès, écrivez à vos marins de ne pas donner l'alarme [1]. »

Du reste, en 1806, les Anglais n'étaient pas du tout disposés à faire la moindre tentative sur le littoral de l'Empire.

« Les Anglais, écrivait Napoléon au roi de Naples, ont débarqué plusieurs fois, mais ils ont été bien rossés et n'osent plus débarquer [2]. »

Devant l'insuccès de toutes leurs tentatives, ils devaient se borner pendant toute cette période à tenter d'incendier à l'aide de brûlots les bateaux français de Boulogne et de l'île d'Aix. Ils attendront jusqu'en 1809 pour faire une sérieuse expédition sur Anvers, profitant du moment où Napoléon était engagé avec l'Autriche et où la Hollande était presque dégarnie de troupes.

Pendant la campagne de 1809, les troupes stationnées sur le littoral furent diminuées pour subvenir aux besoins de la Grande Armée ; 8,000 hommes furent tirés de l'île d'Aix et de l'île d'Oléron et 4,000 de Belle-Isle et de Brest [3]. Une quinzaine de compagnies d'artillerie furent aussi enlevées aux côtes et remplacées par des canonniers appartenant à la Marine [4].

Instruction pour le tir contre les bateaux ennemis.

Il est à remarquer combien Napoléon aimait à s'occuper de la façon dont on devait exécuter le tir ; il entrait toujours à ce sujet dans les détails les plus minutieux ; il croyait sans

[1] *Correspondance de Napoléon*, n° 12428.
[2] *Ibid.*, n° 10573.
[3] *Ibid.*, n° 15825.
[4] *Ibid.*, n° 15516.

douté que c'était nécessaire puisqu'il lui est arrivé de dire :
« Je m'étonne toujours comme les notions les plus simples
sont inconnues au génie et à l'artillerie [1]. »

Voici l'instruction qu'il donnait en 1805 pour les batteries
du port de Brest :

« Les batteries de Brest doivent être approvisionnées à
cent cinquante coups; soixante ne sont pas suffisants. Dans
une position comme celle-là il ne faut point ménager les
boulets, et, dès le moment que l'ennemi est à la plus grande
portée, il faut commencer à tirer.

« Les mortiers doivent être approvisionnés à cent coups.
Il doit y avoir pour chaque trois pièces un affût; à chaque
mortier, un crapaud de rechange; à chaque batterie, une
chèvre, trois ou quatre ouvriers en bois, un en fer, et une
petite forge près de là, pour réparer le mal arrivé. Chaque
jour, il faut compléter les munitions usées.

« Il faut ajouter qu'il doit y avoir un double approvisionnement en boulets et boulets creux; que j'approuve que les
boulets creux ne soient tirés qu'à 34 degrés; et huit livres
de poudre à 1,500 toises suffisent. Mais à 2,400 toises il faut
tirer des boulets de 36 avec 45 degrés et douze livres de
poudre de charge. Avec douze livres de charge, une pièce
de 36 sur affût de 45 degrés doit aller à 2,400 toises. Mon
ordre est que, du moment que des bâtiments anglais se pré-
sentent à cette portée, on fasse tirer les mortiers à plaque à
2,000 toises, et à la fois les pièces de 36 de tous côtés; de
manière que l'ennemi venant reconnaître soit entouré de
boulets lui paraissant comme des bombes, et qui lui tombent
comme du ciel. Les bricks, frégates et vaisseaux n'auront pas
fait cette expérience que les vaisseaux cesseront d'approcher;
et c'est le but que je veux obtenir, car je ne veux point de
combat. Donnez donc votre ordre en conséquence.

[1] *Correspondance de Napoléon,* n° 15736.

« Si ensuite l'ennemi s'approchait à 1,500 toises, on tirerait à boulets creux, et les mortiers à la Gomer tireraient aussi, ce qui lui ferait une grêle de boulets et de bombes qui le dégoûterait de sa tentative. S'il s'approchait à 600 toises, mon intention est qu'alors toutes les pièces tirent sur l'angle ordinaire de 6 à 12 degrés, moitié à boulets creux et pleins. Dites au général Sanson que, s'il y a à Brest des mortiers de 8 pouces, il en fasse mettre dix à chaque batterie ; je suppose qu'il n'y en a plus de 12 pouces. Ils battront le flanc de la ligne ; si des vaisseaux audacieux se présentaient pour tourner la ligne, ces mortiers, qui portent le mobile à 800 toises, se dirigeant avec plus de facilité, feraient plus de dégâts que ceux de 12 pouces ; chaque arme a son avantage.

« Sous les ordres du général, un lieutenant-colonel et un capitaine en résidence. Si cela ne se trouve pas dans la 17ᵉ division militaire et à Brest, demandez des renseignements pour envoyer ce qui sera nécessaire. Écrivez qu'en général tout demeure près des batteries, surtout l'escadre se trouvant en rade. Je désire qu'on amarre une mauvaise carcasse de bâtiment à 2,300 toises de chaque batterie, des batteries de Sarrut et de Varé, et le plus loin possible, perpendiculairement à la ligne d'embossage, et qu'on s'exerce à tirer dessus, sur l'angle de 45 degrés. Expliquez-leur bien que, si les sept mortiers à grande portée et les pièces de 36 sont plus épouvantails que le reste, ce sont les mortiers de 12 pouces portant leur mobile à 1,400 ou 1,500 toises, les mortiers de 8 pouces à 800 toises, et les 6 pouces à 600 ou 700 toises, qui seront d'un véritable effet et écarteront l'ennemi s'il s'obstinait à faire des efforts plus considérables et à affronter les feux de toute l'escadre. Le mieux de tout est que l'ennemi regarde cette opération comme impossible, et, dès ce moment, lorsqu'un bâtiment se trouvera à portée, qu'on le couvre d'une nuée de feu [1]. »

[1] *Correspondance de Napoléon*, n° 8982.

L'Empereur était convaincu de la supériorité qu'un tir de côte bien dirigé devait avoir sur celui des vaisseaux; il disait en effet :

« L'artillerie est peu de chose par mer, sa supériorité est immense par terre; la différence est d'un à sept, c'est-à-dire que dix mortiers par terre font autant d'effet que soixante-dix par mer [1]. »

Défense des côtes par les bateaux.

Après la défaite de Trafalgar, les vaisseaux fort nombreux que Napoléon fit construire dans les différents chantiers formèrent des escadres qui restèrent dans les ports militaires et qui n'eurent d'autre objectif que la défense des côtes. Mais cette défense fut plus spécialement assurée par les ouvrages de terre et les flottilles.

Afin de mieux protéger le cabotage et la pêche, l'Empereur créa, par le décret du 25 mai 1808, huit divisions de petits bâtiments gardes-côtes, commandées chacune par un chef de bataillon. Les détachements étaient surtout composés par des troupes de la Guerre et formés d'hommes de choix.

« Vous donnerez l'ordre, écrivait-il au Ministre de la Guerre, que tous les détachements soient exercés à tirer à la cible deux fois par jour, en leur donnant des récompenses et excitant leur adresse. On exercera les hommes à aiguiser leurs baïonnettes sur les trois tranchants, pour que l'ennemi ne puisse pas les empoigner à l'abordage. Chaque officier sera armé d'une bonne épée pouvant servir, et non d'une épée de parade, et d'une paire de pistolets portés sur la poitrine. Le Ministre de la Marine désignera des officiers de Marine pour s'entendre avec vos officiers. Chaque soldat aura une paire de pistolets qui lui sera fournie par la Marine, et il sera

[1] *Correspondance de Napoléon*, n° 15967.

exercé au tir de cette arme. Les bâtiments seront également munis de sabres d'abordage, de haches et de quelques lances.

« Le Ministre de la Marine donnera des instructions à l'officier de marine sur les manœuvres à faire pour attirer les chaloupes ennemies et les prendre.

« Vous donnerez l'ordre à l'officier de terre qui commandera ces hommes de les faire exercer un peu à la rame, et de les amariner le plus qu'il pourra.

« Il faut choisir, pour commander chaque détachement, huit jeunes gens instruits, braves et intelligents. Vous vous ferez rendre un compte journalier de leur situation et de tout ce qu'ils feront[1]. »

Napoléon était ainsi fidèle à son système inauguré à Boulogne, qui, devant l'impuissance de la Marine à combattre avec succès, consistait à faire remplir aux soldats le rôle de marins. Par contre, il transformait les marins en soldats par la création des régiments de Marine.

Le décret du 25 mai rencontra de l'opposition de la part du Ministre de la Marine; Decrès trouvait sans doute inadmissible de faire commander des bateaux par des officiers de terre et de mettre des officiers de Marine sous leurs ordres. « Puisqu'il faut que je m'occupe de tous les détails, lui répondait Napoléon, j'ai pris un décret pour organiser une flottille de gardes-côtes. Faites-le exécuter rigoureusement; pas de *si*, de *mais*, de *car*, ne faites pas d'objections, mais levez-les[2]. »

En 1809, Napoléon eut l'idée de créer, pour la défense des fleuves, des radeaux armés d'une artillerie d'une puissance comparable à celle des vaisseaux. C'étaient de véritables batteries flottantes, qu'on désigna sous le nom de *prames*[3].

[1] *Correspondance de Napoléon*, n° 13978.
[2] *Ibid.*, n° 14007.
[3] *Ibid.*, n° 15867.

Installation de télégraphes le long des côtes.

Des signaux et télégraphes furent installés sur les côtes en 1808, de telle sorte que Napoléon pouvait connaître en peu d'instants ce qui se passait sur toute l'étendue des rivages de l'Empire.

Cet établissement eut pour résultat que les Anglais durent bloquer nos côtes avec des forces plus considérables que par le passé, car ils étaient exposés, sans cela, à se voir surpris par des forces supérieures, sorties à l'improviste des ports militaires[1], à la suite d'avis télégraphiques. C'est dans ces conditions que fut prise la frégate anglaise la *Proserpine*.

Expédition des Anglais contre la Hollande.

Lors de la guerre de 1809 entre la France et l'Autriche, l'Angleterre crut le moment venu de prendre partout une vigoureuse offensive. C'est ce qu'elle tenta en Espagne et en Italie, mais sans aucun succès; dans le royaume de Naples, par exemple, elle échoua piteusement; la flotte anglaise fut repoussée de Naples; les troupes débarquées pour l'attaque du château d'Ischia échouèrent dans leur tentative, et celles qui se proposaient de prendre le fort de Scilla en Calabre furent jetées à la mer par le général Parthouneaux et perdirent leur matériel de siège.

Mais ce qui excitait surtout l'envie du Gouvernement britannique, c'était les établissements militaires élevés sur les bords de l'Escaut, Anvers et Flessingue, qui étaient une véritable menace pour la sécurité de l'Angleterre, et une grande expédition fut résolue pour s'emparer de ces deux places. Le moment était du reste bien choisi, car le roi Louis avait cru devoir, pour faire plaisir à ses sujets, licencier la plus grande partie de son armée.

[1] *Correspondance de Napoléon*, n⁰ˢ 13980 et 14883.

La flotte anglaise, qui comptait soixante-quatorze navires de guerre et un grand nombre d'autres bateaux, transportait un corps expéditionnaire de 50,000 hommes. Elle appareilla le 29 juillet. On s'empara assez facilement de Walcheren et de Middelbourg, défendus par le général Osten, qui ne put résister avec 1,500 hommes à plus de 18,000 Anglais. Le fort de Bath, qui commandait les deux branches de l'Escaut, fut évacué par le général hollandais Bruce, avant l'arrivée de l'ennemi. Au lieu de marcher alors sur Anvers, qu'elle aurait pu surprendre, l'armée anglaise alla mettre le siège devant Flessingue, qui, mal défendue par le général Mounet, capitula au bout de quinze jours.

Mais ce temps suffit pour mettre Anvers en parfait état de défense. La flotte française, rentrée dans ce port, mit ses matelots à terre pour armer les forts. Les autres troupes de la Marine firent preuve d'une activité et d'un dévouement incomparables. La flottille de Boulogne fut acheminée par les canaux sur Anvers, et une armée de 60,000 hommes, composée en grande partie par les gardes nationales du Nord, ne tarda pas à être réunie en Belgique.

«Dans la position actuelle, écrivait Napoléon le 16 août au ministre Decrès, il n'y a que deux partis à prendre : 1° laisser faire les Anglais; 2° s'ils attaquent, les recevoir derrière une position retranchée. Nous nous connaissons trop pour croire qu'ils se portent à de telles imprudences [1].»

Quelques jours après, trouvant sans doute son ministre de la marine trop impressionnable, il le rappelait au sang-froid en ces termes :

«Il n'y a pour Anvers qu'une seule crainte réelle à avoir : c'est qu'à force de se faire des idées des moyens incendiaires de l'ennemi, on n'en perde la tête. Qu'ont-ils fait après tout? Même dans la rade ouverte de Rochefort, qu'ont-ils fait? Mes

____

[1] *Correspondance de Napoléon*, n° 15668.

vaisseaux n'auraient pas été brûlés si les capitaines n'avaient pas perdu la tête; et ils en auraient été pour leurs frais [1]. »

Et comme les moyens incendiaires continuaient à hanter l'esprit du ministre qui proposait de les employer contre les Anglais, l'Empereur formulait ces principes qui ne cessèrent jamais d'être vrais :

« Je ne sais pas ce que vous entendez par machine infernale; vous proposez d'en lancer une contre le fort de Bath. Les machines infernales ne sont rien; les Anglais s'en sont servis contre Saint-Malo et plusieurs de nos ports, cela n'a abouti qu'à casser des vitres. S'il suffisait d'une machine infernale pour prendre une place forte, il faut croire que l'on s'en serait servi pour prendre les places qui ont arrêté les conquérants. Les machines infernales, les bombardements même, ne sont comptés pour rien en temps de guerre [2]. »

Les prévisions de Napoléon se réalisèrent; les Anglais estimèrent toute entreprise contre Anvers impossible. De plus, leurs troupes étant décimées par les fièvres et la maladie, ils se décidèrent à évacuer d'abord le fort de Bath, puis Flessingue.

Cette expédition leur coûta plusieurs milliers d'hommes et la somme énorme de 500 millions, sans autre résultat que la destruction des établissements maritimes de Flessingue; leur principal objectif, qui était la prise d'Anvers, ne fut nullement atteint. Au contraire, il résulta de l'expédition que Napoléon, par un décret du 25 septembre 1809, prescrivit des ouvrages formidables pour la défense du port et de la place d'Anvers, ainsi que pour les rives de l'Escaut [3], ouvrages qui devaient mettre à l'avenir à l'abri de toute attaque les établissements des bords de ce fleuve.

[1] *Correspondance de Napoléon*, n° 15748.
[2] *Ibid.*, n° 15777.
[3] *Ibid.*, n° 15858.

V

L'EMPIRE DE 1810 À 1815.

Les tours et redoutes modèle de 1811. — Travaux sur les côtes. — Inspection des côtes. — Matériel d'artillerie. — Tir de côte. — Colonnes mobiles. — Les gardes-côtes. — Autres troupes. — De 1813 à 1815.

Les tours et redoutes modèle de 1811.

En 1810, Napoléon, parvenu à l'apogée de sa gloire, et n'ayant plus que l'Angleterre pour ennemie, voulut que les côtes de France fussent défendues par des ouvrages de fortification permanente, assurant, pour 150 ou 200 ans, la sécurité du littoral. Le comité des fortifications fut chargé de l'élaboration des projets et il lui fut prescrit que les corps de garde, poudrières et autres bâtiments fussent à l'avenir réunis dans des tours voûtées et crénelées, capables de servir de réduits. A la suite de ces études, l'Empereur approuva, pour les batteries de côte, les tours modèles n°ˢ 1, 2, 3, 4 et 5. Les deux dernières, plus petites que les autres, n'étaient pas voûtées. Les tours 1, 2 et 3 étaient une combinaison des tours de Vauban et de celles que Bonaparte avait fait construire en Égypte. Ces dernières avaient été inspirées par les anciennes tours génoises et les tours Martello dont l'Angleterre venait de hérisser ses côtes.

L'Empereur prescrivit encore l'étude de redoutes pouvant servir d'ouvrages détachés sur les côtes et en adopta deux modèles désignés sous les n°ˢ 1 et 2.

Dès 1811, on se mit à l'œuvre pour fortifier les côtes d'après les nouveaux projets ; le 24 février de cette année, Napoléon écrivait à l'inspecteur général du génie :

« Monsieur le général Bertrand, je vous envoie le travail du Ministre de la guerre pour le budget du génie ; il faut

que vous l'étudiiez et que vous m'apportiez tous les plans
demain lundi, afin que je puisse ordonner les dépenses de
1811 avec connaissance de cause et remplir mon grand but
qui est de donner à toutes les places sur la mer un degré de
force considérable par les travaux de 1811. Pour atteindre
ce but, je ne regarderai pas à 3 ou 4 millions de plus. Sa-
chez bien tout cela sur les plans, de manière que je puisse
faire le travail en une heure [1]. »

C'est probablement à la suite de ces études que Napoléon
rédigea l'instruction suivante sur les batteries de côtes, que
l'on rencontre dans ses *Mémoires* [2].

« 1° Il y a trois espèces de batteries de côtes : celles de la
première classe sont destinées à défendre un port ou une
rade où peut mouiller une escadre ; celles de seconde classe, à
défendre un port marchand ou une rade où peuvent mouiller
seulement les bâtiments de commerce ; enfin celles de troisième classe, dont le but est de protéger le cabotage. Les
batteries de première classe doivent être composées de douze
pièces de 36, quatre pièces de 16 ou de 18 en bronze, avec
un gril à boulets rouges, quatre mortiers de 12 pouces à la
Gomer, total vingt bouches à feu, indépendamment de huit
pièces de campagne, trois de 6, trois de 12, et deux pour
défendre la gorge de la plage voisine et flanquer la batterie.
Ces batteries doivent avoir, à la gorge, une tour du modèle
n° 1, armée de quatre caronades de 24 ou quatre pièces de 12
sur sa plate-forme, et contenant un logement pour 60 hommes ;
un magasin de vivres capable de contenir le biscuit, la fa-
rine, les légumes, le vin, la viande salée, l'huile, le tabac
pour 120 hommes pendant vingt jours ; un magasin à poudre,
capable de contenir les poudres et gargousses pour quatre

---

[1] *Correspondance de Napoléon*, n° 17383.
Les modèles de tours et de redoutes de 1811 servirent de base plus tard
aux études de la commission chargée en 1840 de l'armement des côtes.
[2] Tome I, édition de 1830.

mille coups de canon, ou deux cents coups par pièce; un petit atelier pouvant contenir une forge, le charbon, les outils, les fers, les pièces de rechange, pour réparer les affûts. Cette tour doit avoir deux étages, au moins vingt-quatre pieds de haut, un fossé, une contrescarpe, un chemin couvert avec places d'armes, dans l'une desquelles un puits ou citerne.

«2° Les batteries de seconde classe doivent être composées de quatre pièces de 24, deux de 16, un gril, deux mortiers, total huit bouches à feu, indépendamment de deux pièces de campagne au moins; elles doivent avoir une tour du modèle n° 2, qui porte deux caronades de 18 sur sa plate-forme, ou deux pièces de 6, et qui contient un logement pour 25 hommes; un magasin de vivres pour 48 pendant dix jours, un magasin de poudre pour seize cents coups, un petit atelier sans forge, mais contenant les pièces de rechange en fer et en bois, pour la réparation des affûts; un fossé sans contrescarpe avec chemin couvert, puits ou citerne.

«3° Les batteries de troisième classe doivent être composées de deux pièces de 18, indépendamment d'un obusier à grande portée; elles doivent avoir une tour du modèle n° 3, à un étage, portant sur sa plate-forme un obusier ou une petite pièce, et contenant un logement pour 10 hommes, un magasin de vivres pour 20 hommes pendant dix jours; un magasin à poudre pour quatre cents coups. Cette tour ne doit avoir ni fossé, ni chemin couvert, ni la batterie de gril à boulets rouges.

«1° Les pièces de campagne, attachées aux batteries, sont pour leur défense du côté de terre, et pour la défense des anses et plages contre les débarquements; 2° Les tours sont placées au moins, celles n° 1, à 60 toises de la plate-forme; celles n° 2, à 40; celles n° 3, à 20; 3° Les pièces sont éloignées l'une de l'autre de 4 à 6 toises, à moins que les localités ne s'y opposent; 4° Les parapets sont en terre au-dessus des genouillères; la maçonnerie ne doit pas être plus élevée; 5° La plate-forme des mortiers, séparée par une traverse des pièces de canon; 6° La batterie à boulets rouges, séparée également par une traverse; 7° La batterie de douze pièces, partagée en deux par une traverse, et si les localités s'y prêtent, les deux plates-formes, sur différents plans de 7 à 8 toises de différence; 8° On construit trois plates-formes pour deux mortiers, et quatre pour deux mortiers à plaque; 9° On fait une traverse parallèle à la batterie, à 5 toises du heurtoir, pour quatre pièces de canon; cette traverse a 24 pieds de longueur sur 6 de hauteur, et 9 pieds de largeur; derrière elle, on met les seize gargousses, quatre par pièce. Ces gargousses sont dans les gargoussiers ou dans une caisse de bois; à mesure de la consommation, on les remplace du magasin de la tour; 10° Vis-à-vis des plates-formes de mortiers, on fait parallèlement à l'épaulement et à 5 toises une traverse de 12 pieds pour deux mortiers, on y place derrière quatre bombes par mortier, que l'on remplace, à mesure de la consommation, par le magasin de la tour; 11° Le gril ou four à boulets rouges est placé à 3 pieds, au plus, du revêtement intérieur, vis-à-vis un merlon au lieu d'une pièce; il est ainsi à l'abri des boulets et des accidents du feu; 12° On place plusieurs tonneaux ou gabions pleins de terre; on construit des traverses rondes en gazon, de 2 pieds de diamètre, pour servir d'abri aux canonniers contre les éclats de bombes et d'obus; 13° Le tir à boulets rouges a lieu avec des pièces en bronze du calibre de 12, au plus de 18; le boulet doit être rouge cerise; 14° Les gargousses sont de 3 ou 4 livres de poudre, au plus, pour tirer à boulets rouges. Pour une pièce de 18, on met deux gargousses l'une sur l'autre, chacune de 3 livres; pour le 24, de 4 livres; pour le 36, quatre gargousses de 4 livres. On a grand soin de la faire entrer dans l'âme sans frottement; si la poudre touche les parois de l'âme, il y a accident.

« Les vaisseaux ne mouillent jamais dans des endroits où ils soient exposés à recevoir des boulets ou des bombes, pas plus qu'une armée ne campe à portée du feu d'une batterie. Avec des mortiers à la Gomer, qui ne portent qu'à 1,500 toises, ou des pièces de 36, sur affûts de côtes, qui ne permettent de tirer qu'à 17 degrés et ne donnent au canon qu'une portée de 800 ou 900 toises, on ne peut empêcher une escadre ennemie de mouiller dans la rade d'Hyères, où elle mouille à 2,000 toises de toute terre. Il faut, dans ce cas, installer les affûts de côtes de manière que les pièces puissent tirer sous l'angle de 43 degrés, et lancent les obus ou les boulets à 2,000 et 2,300 toises, et avoir des mortiers à plaque, qui jettent la bombe à 2,500 à 3,000 toises. Depuis que les batteries d'Hyères ont été ainsi armées, les Anglais n'y sont plus revenus; la même chose a eu lieu pour la Spezzia, et sur l'Océan pour l'île d'Aix, la Gironde, l'Escaut et les rades de Brest. Les canons des vaisseaux tirent sur affûts marins, c'est-à-dire sous l'angle de 25 degrés; la bande du vaisseau fait qu'ils tirent souvent sous celui de 43 degrés. Il n'est donc pas étonnant que les boulets des vaisseaux arrivent à terre et que ceux des batteries de terre n'arrivent pas à la hauteur des navires; on se récrie alors sur la mauvaise qualité de la poudre, ce qui donne lieu à des soupçons de trahison et de négligence. Il est donc bon que dans chaque batterie il y ait un ou deux affûts qui permettent de tirer sous l'angle de 43 degrés, quoique ce tir soit incertain, et de nul effet dans les cas ordinaires.

«Sur les côtes de la Méditerranée il n'y a que neuf bons mouillages pour les vaisseaux de ligne : 1° Le Bouc, qui est défendu par un fort; l'entrée en est très étroite; c'est le port du Rhône, il doit être le chantier de construction de la Méditerranée; Toulon et la Spezzia doivent en être les ports d'armement; 2° Le mouillage de l'Estisat, au fond de la baie de Marseille, mauvais, que les escadres ne prennent que bien rarement. Deux batteries sont cependant nécessaires, mais on peut ne les armer qu'à moitié; le besoin arrivant, en vingt-quatre heures l'armement serait complété; 3° Toulon :

1° trois batteries réunies en une seule au cap Cepet, et défendues par la tour de la Croix-des-Signaux; par ce moyen, si l'ennemi s'empare de cette presqu'île, il ne peut pas se servir des pièces contre la rade, puisque le fort est à l'abri d'un coup de main; cela dispense d'avoir, en temps de guerre, un camp dans cette presqu'île; 2° une batterie au cap Balaguier; 3° une à celui de l'Eguillette; ce qui fait cinq batteries ou cent bouches à feu, indépendamment de quarante pièces de campagne, quinze de 6, quinze de 12 et dix obusiers de campagne à grande portée, pour la côte ou st des rades. Une batterie au pied du fort la Malgue, une à la grosse tour, une au cap Brun; ce qui fait trois batteries ou soixante bouches à feu, indépendamment de neuf pièces de 6, neuf de 12 et six obusiers de campagne à grande portée, pour la côte est, total cent soixante bouches à feu. On ne parle pas des batteries sur les jetées, cela regarde l'armement de la place; 4° Îles d'Hyères, le mouillage pour des vaisseaux de guerre est à l'île de Porteros; il y faut deux batteries; 5° Fréjus, deux batteries pour appuyer le flanc de la rade; 6° Le golfe Juan, trois batteries; 7° Villefranche, deux batteries; 8° Gênes, défendue par la ville; 0° La Spezzia, quatre batteries de première classe.

«En déterminant de même le nombre des batteries de deuxième et de troisième classe, en construisant les tours, on n'aura plus besoin de construire à la hâte des corps de garde et des magasins qui tombent en ruine en temps de paix. Les pièces, les boulets, les affûts, les armements seront renfermés dans les tours. En quarante-huit heures, toutes les côtes de France pourront être armées ou désarmées. Toutes les batteries pourraient même n'être armées qu'au tiers ou à la moitié; selon la nature de la guerre où l'on sera engagé, selon que l'ennemi serait plus ou moins maître de la mer, ce système serait permanent et fixe.

«Les pièces de 48 sont avantageuses pour la défense des rades comme Toulon, la Spezzia. On peut en mettre un tiers, c'est-à-dire que, sur les douze pièces de 36 qui composent une batterie, il est avantageux d'avoir quatre pièces de 48; ce qui ferait trente-deux pièces de 48 pour la défense de la rade de Toulon. Il n'est pas vrai que le calibre de 24 fasse contre les vaisseaux le même effet que celui de 36, ni que celui de 36 fasse le même effet que celui de 48. »

Travaux sur les côtes.

La Baltique. — Les côtes de l'Empire français avaient une étendue considérable en 1810, puisqu'elles se développaient de Dantzic à Raguse; nous allons passer en revue ce qui fut fait, à partir de 1810, pour la défense de cet immense littoral.

Ce fut au commencement de 1813 que Napoléon se préoccupa surtout de la défense des côtes de la Baltique. L'amiral Baste fut, à cette époque, chargé du commandement de la flottille de Dantzic et reçut en même temps la mission de prendre les mesures convenables pour la défense de l'île de Rugen, des côtes et des embouchures de l'Oder [1].

La Hollande. — Pendant toute la fin de 1809, alors que les Anglais occupaient Flessingue, Anvers s'était, comme nous l'avons vu précédemment, couvert d'un grand nombre d'ouvrages de défense. Les Anglais définitivement partis, Napoléon se proposa de mettre la Hollande à l'abri de toute insulte. Le général Lauriston fut chargé de faire une inspection minutieuse de tout le pays et notamment des îles Cadzand, de Walcheren et de la place d'Anvers [2]. A la suite de cette mission, des traverses casematées furent projetées pour les digues de Flessingue et de Breskens [3]. Les divers ouvrages défendant l'Escaut jusqu'à Anvers furent pourvus

[1] *Correspondance de Napoléon*, n° 19528.
[2] *Ibid.*, n° 16441.
[3] *Ibid.*, n° 16396.

d'une artillerie formidable s'élevant à un total de 885 bouches
à feu, ainsi réparties : Anvers, rive gauche, 350; rive droite,
100; Sud Beveland, 104; Wolfersdijk, 12; Nord Beveland,
9; Walcheren et Flessingue, 200; Cadzand, 80; rive gauche
de Cadzand à Anvers, 30 [1].

A la suite de son voyage en Hollande, en 1811, Napoléon
ordonna le désarmement de toutes les batteries de l'île de
Walcheren, à l'exception de celle de West Kappelle, qu'il fit
renforcer par une tour de première espèce [2].

La Belgique. — La place d'Ostende attira l'attention de
l'Empereur au commencement de 1810 et on s'occupa dès le
mois de mai de cette année à la mettre en parfait état. Cette
place, d'après Napoléon, devait être considérée comme *la
clef de la Belgique* [3].

Boulogne. — La place de Boulogne, qui avait été le centre
du plus gigantesque armement, fut délaissée de plus en plus
et, à l'entrée de la campagne de France, Napoléon écrivait
au Ministre de la Marine, au sujet de cette place à laquelle
se rattachaient tant de souvenirs de grandeur :

« J'approuve fort que vous évacuiez tout ce qui est à Boulogne sur Calais, Dunkerque, le Havre et Cherbourg. Faites
en sorte que, si l'ennemi faisait une excursion sur Boulogne,
il n'y trouve rien. Faites donc évacuer cette quantité de canons que vous y avez. Rendez les casernes à la Guerre, et
mettez un terme à l'existence de cette flottille dont il ne
doit plus être question désormais, puisque, si le temps revenait de faire une expédition contre l'Angleterre, ce serait
de l'Escaut et de Cherbourg qu'on pourrait sortir. Enfin rendez Boulogne à toute son insignifiance, de sorte que cette

[1] *Correspondance de Napoléon*, n° 16304.
[2] *Ibid.*, n° 18055.
[3] *Ibid.*, n° 16495.

ville se défende du moins par l'inutilité qu'il y aurait pour l'ennemi à s'en emparer [1]. »

Le Havre. — Cette ville fut l'objet de la sollicitude impériale en 1810. Il y eut toujours des vaisseaux et des frégates dans ce port, où se trouvaient d'importants chantiers de construction.

Des batteries y furent établies vers 1813. C'est *le port de Paris*, disait Napoléon [2].

Cherbourg. — La construction des fortifications de Cherbourg fut activement poussée en 1810. Ces fortifications devaient avoir pour but d'empêcher le bombardement des établissements maritimes soit du côté de terre, soit du côté de la mer [3]. Le fort Napoléon de la digue fut donné à la Marine; il comprenait comme bouches à feu : 12 canons de 36 et 4 mortiers de 12 pouces; une prame armée de 14 pièces de 36 était annexée à la gorge de la batterie pour lui servir de soutien et de réduit [4].

Au mois de novembre 1810, le colonel Deponthon fut envoyé à la Hougue pour faire un projet de défense de cette rade afin qu'une escadre put y être en sûreté; l'Empereur pensait que des forts pourraient être élevés sur les rochers Manquet et Gavendal.

En 1815, on fit des travaux de défense aux îles Saint-Marcouf; l'armement de ces îles et le désarmement de Porto Longone furent, croyons-nous, les seuls ordres concernant la défense des côtes, que donna l'Empereur à son retour de l'île d'Elbe [5].

Brest. — En 1811, un décret ordonna la construction de

[1] *Correspondance de Napoléon,* n° 21339.
[2] *Ibid.,* n° 16317.
[3] *Ibid.,* n° 16614.
[4] *Ibid.,* n° 16667.
[5] *Ibid.,* n°ˢ 21774 et 21786.

deux tours aux batteries de Vauban et des Cornouailles, dans le goulet de Brest [1].

Rochefort. — La défense de Rochefort fut assurée en 1810 et 1811 par la fermeture des fortifications de la place et par la construction des batteries de l'île Madame et de la pointe de Fouras [2].

Les Anglais s'étant établis à poste fixe, pendant l'hiver de 1810-1811, dans la rade des Basques, des mesures de défense furent prises afin de rendre impossible tout débarquement de l'ennemi [3].

La Gironde. — Napoléon écrivait au duc de Feltre le 29 août 1811, au sujet de la défense de l'embouchure de la Gironde :

« La rivière de la Gironde fixe toute mon attention. Les rades du Verdon et de Talmon sont excellentes pour des vaisseaux de guerre. Je vais bientôt avoir des frégates dans la rade du Verdon, et je compte réunir une escadre dans la Gironde. Il devient donc nécessaire d'asseoir ses idées et de faire faire des projets pour la défense de l'embouchure de cette rivière [4]. »

Provence. — En août 1810, Napoléon rendit un décret pour mettre en état de défense les îles d'Hyères et les mouillages de Bregançon et de Fréjus; en envoyant cette décision au Ministre de la guerre, il l'informait de son désir de n'avoir dans les ports aucun bâtiment pouvant être brûlé. Les troupes devaient être casernées dans des baraques en bois destinées à être démolies en cas d'attaque [5].

En août 1811, le premier inspecteur d'artillerie fut expédié

---

[1] *Correspondance de Napoléon*, n° 17682.
[2] *Ibid.*, n°s 16656, 17683 et 18038.
[3] *Ibid.*, n° 17379.
[4] *Ibid.*, n° 18095.
[5] *Ibid.*, n° 16789.

en Provence afin de procéder aux mesures nécessaires pour éloigner les Anglais, qui mouillaient dans la rade des îles d'Hyères [1].

La Marine, en novembre 1810, ayant cru devoir établir dans la rade de Toulon des estacades afin de protéger les vaisseaux, Napoléon écrivit à Decrès :

« Envoyez un courrier à Toulon pour faire finir ces ridicules estacades qui sont la risée de tout le monde. Si une escadre n'est pas en sûreté dans la rade, qu'on la fasse entrer dans le port [2]. »

Porto Ferrajo, de l'île d'Elbe, fut aussi en 1810 l'objet de la sollicitude de l'Empereur, qui estimait que c'était *un poste très important* [3].

L'année suivante, un officier de marine se rendit en Corse afin d'établir un projet de défense du golfe de Sagone, en vue d'assurer sur ce point la sécurité de la navigation pour les bois de construction destinés à la Marine [4].

Brindisi. — A la fin de 1810, le roi de Naples reçut l'ordre de mettre Brindisi en état de défense. L'enceinte de cette place devait être réparée et on devait armer le fort de mer de six canons et de six mortiers; de plus, deux batteries devaient être élevées à gauche et à droite de façon à croiser leurs feux avec celui du fort. Construites chacune pour douze bouches à feu, on ne les armerait tout d'abord que de trois canons de 36 et de deux mortiers [5].

Ancône. — Pour l'armement d'Ancône, Napoléon fit expédier, en 1810, soixante canons des calibres de 36, 24 et 18, en fer et en bronze, sur affûts de côte et de siège, permettant

---

[1] *Correspondance de Napoléon*, n° 18026.
[2] *Ibid.*, n° 17158.
[3] *Ibid.*, n° 16656.
[4] *Ibid.*, n° 17743.
[5] *Ibid.*, n° 17132.

de tirer sous l'angle de 35 degrés; quinze mortiers, dont cinq à plaque, furent également destinés à cette place [1].

Raguse. — Cette ville, à laquelle son excellent port donnait une grande importance, fut fortifiée en 1811. Napoléon était décidé à en faire une *grande place de guerre* [2].

Inspection des côtes.

Au mois de mai 1810, cinq généraux d'artillerie furent chargés d'inspecter les côtes, de l'Escaut jusqu'à Civita Vecchia. Ces inspecteurs devaient passer la revue du personnel et du matériel des batteries de façon à s'assurer qu'elles étaient en bon état de défense [3].

A cette époque, les batteries de côtes s'élevaient au nombre de 906, la plupart destinées à protéger le cabotage, et comptaient 3,648 bouches à feu; elles exigeaient un personnel de 13,000 canonniers et coûtaient par an 7 millions. Napoléon ne trouvait là rien d'exagéré. « Partez de ce principe, écrivait-il au Ministre de la guerre, que, dans l'état d'infériorité de notre marine, on ne saurait avoir trop de batteries de côtes [4]. » Et c'est dans cet esprit qu'il ordonna la formation de six commissions, formées chacune d'un officier d'artillerie, d'un officier du génie et d'un officier de marine, commissions destinées à « faire connaître la situation des batteries, les travaux qu'il faudrait y faire et les nouvelles batteries qu'il serait nécessaire d'établir [5]. »

L'Empereur rendit, le 10 mars 1811, un sénatus-consulte par lequel étaient créés les deux emplois d'inspecteur des côtes des mers de Ligurie et du Nord; les titulaires étaient en même temps créés grands officiers de l'Empire.

[1] *Correspondance de Napoléon*, n° 16390.
[2] *Ibid.*, n° 17476.
[3] *Ibid.*, n° 16443.
[4] *Ibid.*, n° 16633.
[5] *Ibid.*, n° 16633.

Matériel d'artillerie.

En 1810, 2,000 affûts neufs furent placés sur les côtes; sur ce nombre, 1,000 avaient été fabriqués par la Marine [1].

En 1811, Napoléon ordonna de faire des plates-formes en forme de trapèze pour les mortiers, afin de pouvoir tirer ces bouches à feu de 15 à 20 degrés à gauche ou à droite; il estimait que les lambourdes de la plate-forme devaient être telles, que les dernières fussent le double de celles du milieu [2].

A la fin de 1810, l'Empereur donna son approbation à un projet d'un gros canon correspondant au calibre de 83; la charge devait être de 20 livres de poudre; le poids de 7 à 8 milliers. Il donna l'ordre de fondre une telle pièce à Douai. « Obligé, disait-il, de défendre des rades éloignées et contre des vaisseaux, quelques pièces monstrueuses peuvent être d'un bon effet [3]. »

A la fin de 1811, on étudia à la Fère les mortiers ou obusiers à la Villantroys, qui donnèrent les moyens de tirer à de très grandes distances.

« J'éprouve une vive satisfaction, écrivait l'Empereur, du résultat des épreuves faites à la Fère. Je vois que les mortiers à la Villantroys, de 9 pouces, avec 30 livres de poudre, ont été à 2,650 toises, et que le mortier de 11 pouces, avec 45 livres de poudre, a été à 2,980 toises, c'est-à-dire près de 3,000 toises : c'est un prodigieux résultat. Il faut continuer ces épreuves avec la plus grande activité [4]. »

En 1812, la Marine continua ces essais à Indret et à Liège.

Enfin Napoléon porta son attention sur les fusées à la Congrève, dont les Anglais avaient fait usage avec un certain

<hr>

[1] *Correspondance de Napoléon*, n° 16633.
[2] *Ibid.*, n° 18157.
[3] *Ibid.*, n°ˢ 17193 et 18056.
[4] *Ibid.*, n° 18274.

succès contre Flessingue. Il en ordonna la fabrication, disant qu'il imposait comme condition une portée de 1,900 toises[1].

Tir de côte.

Napoléon trouva toujours que les artilleurs n'entendaient rien au tir de côte. «Je continue à être persuadé, disait-il notamment, que l'artillerie n'a pas fait ce qu'elle aurait dû faire lors de l'expédition des Anglais dans l'Escaut. La batterie de Cadzand aurait dû tirer 12,000 bombes; elle n'en a pas tiré 100. Elle aurait dû tirer 20,000 obus à toute volée, l'ennemi étant trop loin pour tirer à boulet; elle n'en a pas tiré un[2].»

Son appréciation sur l'inhabileté des artilleurs fut encore justifiée à la suite d'un combat qui eut lieu en août 1811 entre la batterie de l'île d'Hyères et un vaisseau anglais. La batterie ne fit aucun mal au vaisseau; mais il est juste de reconnaître que les canonniers anglais, de leur côté, ne firent pas preuve de beaucoup d'adresse, puisqu'ils ne parvinrent qu'à blesser légèrement deux hommes avec un tir de près de 400 coups de canon[3].

Napoléon prescrivit que, dans les luttes de batteries de côtes contre les bateaux ennemis, il fallait tirer de toutes les batteries à la fois, sans quoi les vaisseaux pourraient se retirer *de l'une sur l'autre*[4]. Il renouvela aussi les ordres donnés si souvent de faire exécuter des tirs d'exercice sur de vieilles carcasses de bateau, non seulement avec le boulet mais encore avec les bombes, les obus et les boulets rouges[5].

Devant partir en 1811 pour effectuer un voyage en Hollande, il écrivait au duc de Feltre :

«Je suppose que, dans le voyage prochain que je vais

<hr>

[1] *Correspondance de Napoléon*, n° 16333.
[2] *Ibid.*, n° 17988.
[3] *Ibid.*, n° 18062.
[4] *Ibid.*, n° 18028.
[5] *Ibid.*, n°ˢ 17988 et 18062.

faire sur les côtes, je trouverai que tous les mortiers à plaque auront double plate-forme, que les batteries seront conformes à ce qui a été prescrit et que les officiers d'artillerie sauront de combien est le recul, et le temps et l'effort qu'il faut pour remettre la pièce en batterie [1]. »

Colonnes mobiles.

Au mois de mars 1811, des mesures furent prises pour l'organisation de colonnes mobiles chargées de surveiller les côtes. Ces colonnes devaient être au nombre de deux de la Loire à la Gironde, de trois ou quatre pour la Bretagne et la Normandie. De plus, les camps de Boulogne, de Groningen et d'Utrecht devaient en former un grand nombre; de même au sud de l'Empire, de la frontière d'Espagne jusqu'à Rome.

Les colonnes devaient être fortes de 1,000 à 1,500 hommes, dont 200 à 300 de cavalerie; deux pièces de campagne étaient généralement attribuées à chacune d'elles. Les troupes d'infanterie étaient formées de compagnies de voltigeurs. Les patrouilles devaient se croiser chaque jour et les hommes exercés à la manœuvre du canon. Napoléon terminait ces instructions en ces termes :

« Il faut que sur mes côtes les ordonnances de cavalerie se croisent, et que dans les points les plus importants on puisse faire marcher des renforts, si les circonstances l'exigeaient. Le commandement des colonnes sera donné à des colonels, des adjudants commandants ou à des chefs d'escadron. Ils auront sous leurs ordres les gardes-côtes et les douaniers qui se trouveront dans leur arrondissement. Il faut aussi qu'il y ait pour chaque colonne mobile un officier d'artillerie chargé d'exercer les canonniers au tir des boulets rouges et aux différentes manœuvres du canon [2]. »

[1] *Correspondance de Napoléon*, n° 17988.
[2] *Ibid.*, n°ˢ 17425 et 17532.

Les gardes-côtes.

Les compagnies de canonniers gardes-côtes étaient incapables de rendre de bons services; les officiers, venus pour la plupart de l'infanterie, étaient d'une complète ignorance pour les choses de l'artillerie. Il arrivait couramment que des batteries de côtes tiraient sur des vaisseaux qui se tenaient à grande distance, sans se préoccuper de l'inclinaison à donner aux bouches à feu. « L'excessive ignorance des officiers gardes-côtes, écrivait Napoléon en 1811, rend inutiles les canons qu'on met dans leurs mains. Les boulets ne portent pas, parce que, les bâtiments se trouvant au delà du but en blanc, on n'a pas ôté les coussinets [1]. »

« Les gardes-côtes, disait-il ailleurs, me coûtent 3 ou 4 millions; mais je calcule qu'ils me coûtent encore 3 ou 4 millions par les bâtiments que me laisse prendre ce mauvais service. Je ne gagne rien à avoir de mauvaises troupes, et c'est une économie ridicule que d'avoir un capitaine de milice pour défendre mes côtes contre mon ennemi le plus acharné, parce que ce capitaine ne coûte que 1,200 francs; voilà une économie de 50 louis bien funeste à mon service [2]. »

Aussi l'Empereur se résolut-il à supprimer le corps des gardes-côtes.

Il eut d'abord l'idée de le remplacer par de l'infanterie et de l'artillerie, ou par des compagnies de bombardiers isolées [3]. Puis il se décida pour la création de soixante-douze compagnies d'artillerie, spécialement affectées au service des côtes; ces compagnies formeraient douze bataillons et quatre régiments.

Cette institution serait renforcée par la création de compagnies de canonniers de gardes nationales devant accourir sur les côtes au premier appel.

[1] *Correspondance de Napoléon,* n° 18105.
[2] *Ibid.,* n° 18113.
[3] *Ibid.,* n° 18087.

En même temps, il écrivait au Ministre de la guerre de « faire faire, pour le service des gardes-côtes, un ouvrage élémentaire, dans lequel on les instruirait sur la construction des batteries, sur le tir à boulets rouges, sur le tir des bombes et de toutes les espèces de munitions, sur la construction des plates-formes, sur le tir des pièces de 24 et de 36, sur les différents angles de tir, et enfin sur les principes de l'artillerie des côtes, tout différents de ceux de l'artillerie de terre. Il faut, sur les côtes, tirer aussi loin qu'on peut et tirer toujours. Il faut des projectiles qui aillent le plus loin possible. Dans l'artillerie de terre tous ces principes changent, et on estime avec raison que tirer de loin c'est perdre sa poudre [1] ».

En résumé, Napoléon, qui estimait que l'artillerie se divisait « en trois corps : l'artillerie de marine, l'artillerie de terre et l'artillerie des côtes [2] », se proposait en 1811 de réunir les deux derniers en un seul ; il devait, en 1813, combler les vides produits dans l'artillerie de terre par la campagne de Russie, à l'aide de l'artillerie de marine.

Le duc de Feltre fit certaines objections au projet de Napoléon de créer autant de compagnies nouvelles d'artillerie ; entre autres celle d'exiger 450 officiers. « Je ne puis admettre cette objection, lui répondit l'Empereur. Dans un pays comme la France, j'aurai non seulement 400 officiers, mais 4,000, si je veux les payer. Cette objection serait bonne en Russie. Les 450 officiers ne pourront pas être fournis cette année, parce qu'il faut un an d'école, mais on pourra les avoir l'année prochaine. . . . .

« Il ne faut pas croire que les plaintes des officiers d'artillerie soient vraies ; ils disent toujours qu'il y a trop de canons. Le fait est qu'il n'y en a point assez. La supériorité de l'ennemi est telle, qu'à tous les caps, sur toutes les plages, mon cabotage a besoin de trouver protection. Il faut beau-

[1] *Correspondance de Napoléon,* nº 18113.
[2] *Ibid.,* nº 18113.

coup de batteries et en bon état, et des pièces de campagne.
Il faut que les affûts soient en bon état, qu'on sache employer les bombes, donner une direction à la pièce, vérifier
si l'on a de bonne poudre, se servir des pièces de campagne
pour se porter sur la plage à 1,200 et 1,500 toises de la batterie. Sont-ce des compagnies gardes-côtes qui pourront jamais
faire ce service? On n'entend que des inepties : nos boulets
ne portent pas, nos bouchons sont mauvais, notre poudre est
détestable. En conséquence, mes bâtiments sont pris dans
toutes mes rades.

. . . .

« Le corps de l'artillerie doit me répondre de mes côtes.

« Dès l'année prochaine mes escadres commenceront à évo-
luer. Il est donc nécessaire que mes côtes soient défendues
par de bons officiers, animés par des sentiments d'honneur
et ayant de l'activité, les talents et les connaissances qu'exige
cette arme, si grossière en apparence, mais si délicate et si
subtile en réalité.

« Quant au nombre de 600 officiers à tirer des sous-officiers, c'est trop. Un sous-officier d'artillerie ne devrait deve-
nir officier que par une action d'éclat ou après huit ans de
service de sous-officier [1]. »

Autres troupes.

Au mois de mai 1810, Napoléon réduisit les dix demi-
brigades de vétérans à dix bataillons, dont cinq furent destinés à l'intérieur et les autres attribués aux ports d'Anvers,
Brest, Lorient, Rochefort et Toulon, sous le nom de *bataillons
des arsenaux de la marine* [2].

En juillet 1810, les flottilles chargées de la défense des
côtes reçurent une transformation ; dix-huit bataillons, dont

[1] *Correspondance de Napoléon*, n° 18124.
[2] *Ibid.*, n° 16440.

quatre pour la Méditerranée et quatorze pour l'Océan, furent chargés d'en composer les équipages[1].

En 1811, les régiments formés à l'aide des déserteurs et des conscrits réfractaires furent répartis dans les îles du littoral de l'Empire; ces régiments, au nombre de cinq, furent attribués deux à la Corse et à l'île d'Elbe, un à l'île de Ré, un à Belle-Isle et le dernier à Walcheren[2].

Des compagnies de canonniers des cohortes de gardes nationales continuèrent à être affectées à la défense des places et des côtes[3].

De 1813 à 1815.

A l'entrée de la campagne de 1813, Napoléon ayant retiré des côtes toutes les troupes disponibles et même enlevé des ports toute l'artillerie de la marine, il fut créé, pour la défense des côtes, des demi-brigades provisoires composées en grande partie de conscrits de 1814. L'Empereur estimait que la mesure la plus efficace pour assurer la défense était « d'avoir des armes à portée pour armer les équipages de la marine, les ouvriers maritimes et enfin les habitants[4] ».

A la fin de 1813, après la bataille de Leipsic, les côtes furent presque laissées sans défense, car toutes les troupes furent dirigées vers l'intérieur; les vaisseaux même furent désarmés[5].

Il en fut de même pendant les Cent jours[6]; cela pouvait se faire sans grand inconvénient, l'Angleterre ayant, à la suite de la paix de 1814, désarmé toutes ses escadres.

[1] *Correspondance de Napoléon*, n° 16643.
[2] *Ibid.*, n°ˢ 17278 et 17455.
[3] *Ibid.*, n° 19267.
[4] *Ibid.*, n° 19722.
[5] *Ibid.*, n° 20836.
[6] *Ibid.*, n° 21836.